INTERMEDIATE ITALIAN SHORT STORIES

10 Captivating Short Stories to Learn Italian & Grow Your Vocabulary the Fun Way!

Intermediate Italian Stories

Lingo Mastery

www.LingoMastery.com

ISBN: 9781071450147

Copyright © 2019 by Lingo Mastery

ALL RIGHTS RESERVED

No part of this book may be reproduced, stored in a retrieval system, or transmitted in any form or by any means, electronic, mechanical, photocopying, recording, scanning, or otherwise, without the prior written permission of the publisher.

CONTENTS

Introduction 1

About the stories 3

Tips to improve your reading 4

Chapter 1: Riassunto della storia 14

    Summary of the story 14

    Vocabulary 15

    Questions about the story 17

        Answers 18

Chapter 2: Riassunto della storia 27

    Summary of the story 27

    Vocabulary 28

    Questions about the story 30

        Answers 31

Capitolo 3: Riassunto della storia... 39

    Summary of the story 39

    Vocabulary 40

    Questions about the story 42

        Answers 43

Capitolo 4: Riassunto della storia... 52

Summary of the story 52

Vocabulary 53

Questions about the story 55

    Answers 56

Capitolo 5: Riassunto della storia 65

Summary of the story 65

Vocabulary 66

Questions about the story 68

    Answers 69

Capitolo 6: Riassunto della storia 77

Summary of the story 77

Vocabulary 78

Questions about the story 80

    Answers 81

Capitolo 7: Riassunto della storia 89

Summary of the story 89

Vocabulary 90

Questions about the story 92

    Answers 93

Capitolo 8: Riassunto della storia 101

Summary of the story 101

Vocabulary 102

Questions about the story 104

Answers 105

Capitolo 9: Riassunto della storia 114

　　Summary of the story 114

　　Vocabulary 115

　　Questions about the story 117

　　　Answers 118

Capitolo 10: Riassunto della storia 126

　　Summary of the story 126

　　Vocabulary 127

　　Questions about the story 129

　　　Answers 130

Conclusion 131

More from Lingo Mastery 132

INTRODUCTION

This book is a collection of 10 short stories in Italian which can be read separately or all at once. These short stories were written specially for Italian intermediate and advanced learners and it seeks to provide a comprehensive experience in the language and to expose students to a rich and practical vocabulary suitable for the Italian skills of the learner.

Learning a foreign language is always a challenge. However, it doesn't have to be as complicated as it may seem. Being constantly exposed to the language one aims to master is the best way to speed up the learning process. It's not just by listening to a language that you get to learn it. Reading has also been proven to be a very effective way to learn a foreign language as it helps the student to become familiar with the proper grammar use, the rhythms, forms and rules of the language and according to research, it exposes the pupil to more sentences per minute than the average movie or TV show.

One of the first things we must acquire when learning a new language is a voracious appetite for its reading materials. As challenging as it seems at first, it can soon become second nature, and its practical use will further motivate you to learn the language faster and better.

Do you as a teacher or as a student of the Italian language identify yourself with this situation? If your answer is yes, then this book is for you. These stories were created with intermediate and advanced difficulties in mind and are aimed to provide good exposure to grammar and vocabulary while making it accessible in a grammatical and narrative way.

The stories are fluid, continuous and filled with a variety of helpful vocabulary combined with a grammatical richness. Additionally, at the end of each story, a learning support section will help you whenever you need it by providing you with English definitions of difficult words, a summary of the story and multiple-choice questions about important features of the story. This will allow you to follow all the details of each story and thus, to improve at a fast pace.

No matter what level you are at, this book will help you take a step forward in your Italian and will keep you entertained and motivated to continue learning.

We took into consideration that you, as a reader, have a fair amount of Italian language vocabulary, and we hope that you find this book genuinely entertaining for both academic and casual reading.

ABOUT THE STORIES

Motivation is essential when learning a foreign language. That's why finding reading materials that are not only good on a grammatical and vocabulary level but also interesting, engaging and informative is key for intermediate and even advanced students.

Besides this, achieving a sense of progress and accomplishment is necessary to maintain an active interest. This is the core principle upon which this book is based.

Through the book, you will find bolded words. These are the words we thought you might consider difficult or useful phrases you may find worth memorizing. The definition for each one of these words or phrases can be found in the vocabulary section. After the vocabulary section you will find a summary that provides a condensed version of the story in both English and Italian. This is especially helpful in case you get lost as you read, as it allows you to go back and make sure you are not missing any important details. Finally, at the end of the learning support feature you will find a set of five multiple choice questions about the story you just read. Try to answer them without any help, and after doing so, check the answers provided at the end of the section.

It's important to note that a full translation of the stories is not included in this book. This has been done purposefully to remove the "easy option" as you might feel constantly inclined to rely on the English version to avoid the "struggle" needed to make a significant progress in your learning process.

TIPS TO IMPROVE YOUR READING

Reading is a complicated skill. Think of how you learned to read in your mother tongue. It took you years to master the language before you even started learning how to read, from the simplest words to the most complicated levels. So you build a complex set of micro skills that allows you to read different things at a different pace and with different levels of understanding.

However, research suggests that this doesn't happen when reading in a foreign language. You stop being able to use all those micro skills that help you understand a difficult text and you start focusing on understanding the meaning of every single word. That, for the intermediate level learner, tends to be exhausting and contributes to a rapid frustration at being unable to understand due to an elementary vocabulary. Advanced level learners are expected to have overcome this issue, but constant reading is necessary to keep yourself in shape.

The first tip is to avoid getting instantly overwhelmed by the unknown words. Try reading a full page, or even just a paragraph before stopping to look up the meaning of words. Not breaking the semantic flow of the story will eventually make it easier to get a general idea of it. It does not matter if you miss small details because your reading speed will increase and you will improve your fluency.

It is also important to commit yourself to a minimum page count per day. Remember, the more you read, the more you learn.

Keep coming back to the stories. You will be amazed by how much more of them you understand the second time.

Finally, write up any words, expressions or verb conjugations you don't understand and look them up. Try to learn the ones you consider important, get back to the reads again and surprise yourself at how much progress you have made.

Always keep in mind that the goal of reading is not to understand every single word in a story. The purpose of reading is to be able to enjoy the stories while you expose yourself to new expressions and to tell stories in Italian. So, if you don't understand a word, try to guess it from the context or just continue reading.

FREE BOOK!

Free Book Reveals The 6 Step Blueprint That Took Students
From Language Learners To Fluent In 3 Months

One last thing before we start. If you haven't already, head over to LingoMastery.com/hacks and grab a copy of our free Lingo Hacks book that will teach you the important secrets that you need to know to become fluent in a language as fast as possible.

Now, without further ado, enjoy these 10 Italian Stories for Intermediate learners.

Good luck, reader!

CHAPTER 1:

UN SAN VALENTINO DIVERSO DAL SOLITO

Valentino quel giorno era seduto alla sua **scrivania** come tutti i lunedì **mattina**.

Erano da poco passate le otto, aveva appena **preso** un caffè nero al bar dell'azienda, e **fissava** lo **schermo** del suo computer senza sapere bene cosa fare della sua **vita**.

Ci **pensava su** già da un po' di **tempo**.

Non amava il suo lavoro.

Faceva il **consulente informatico** solo perché lo **stipendio** era molto buono.

Usciva di casa alle sette del mattino e rientrava alle sette di sera. Non aveva tempo per gli amici, per la famiglia, e nemmeno per andare un po' in palestra. Era sempre **stanco** e quello che faceva non gli dava nessuna **soddisfazione**.

All'improvviso Valentino si alzò in piedi e con **sguardo fermo e voce decisa** annunciò:

"Mi licenzio!".

In realtà quasi nessuno lo sentì. A quell'ora in ufficio c'erano solo lui e Carla, la signora delle pulizie che finiva di passare **l'aspirapolvere** sulla **moquette** prima che tutti i **dipendenti** entrassero in azienda alle otto e mezza. Carla spense **l'aspirapolvere**, si girò verso Valentino e disse:

"Mi scusi, ha detto qualcosa?".

Valentino corse verso Carla, l'abbracciò e le disse:

"Signora Carla, grazie".

La signora Carla era **esterrefatta** e non capiva cosa stesse succedendo.

"Grazie di cosa?".

"Grazie per essere stata qui tutte le mattine, grazie per come **pulisce** bene l'ufficio, grazie per essere una delle poche persone in azienda che mi ha sempre salutato con un sorriso. Ma il mio tempo qui è finito. Non ce la faccio più. Devo andare via. Devo vivere la mia vita".

"Ehm... va bene. Ma mi raccomando, si copra bene che oggi fuori fa freddo" rispose la signora Carla un po' **imbarazzata** da quella **bizzarra** situazione.

Valentino lasciò la signora Carla e tornò alla sua scrivania. Erano le otto e venti. Aveva dieci minuti per andarsene prima che arrivassero i suoi colleghi e iniziassero a fare domande. Non voleva perdere un minuto di più in quel posto.

Usò il computer per mandare l'ultima email aziendale: scrisse alla **responsabile di risorse umane**.

Mentre scriveva più veloce della luce, battendo le dita sulla tastiera in una **frenetica** corsa contro il tempo, ripeteva ad alta voce le parole che scorrevano sullo schermo.

"*Alla responsabile di risorse umane e per conoscenza al* **direttore aziendale**...".

Qui Valentino si fermò un attimo guardando in alto con aria contemplativa. Poi riprese tutto d'un fiato:

"*Sono lieto di annunciare che questa mattina, durante una **proficua** riunione di lavoro con la signora Carla del reparto pulizie, ho **maturato** un'importante decisione per la mia carriera. Lascio questo impiego che ormai non mi dà più niente, se si eccettua un **cospicuo** stipendio a fine mese. Oggi è il 14 febbraio, San Valentino, giorno del mio **onomastico**, degli innamorati e, d'ora in avanti, di un uomo coraggioso che ha deciso di prendere in mano le **redini** della propria vita.*".

Valentino rilesse velocemente, corresse un paio di virgole, e riprese:

"*Quell'uomo coraggioso presenta ufficialmente le sue dimissioni con le due settimane di preavviso in accordo con la **prassi aziendale** e aggiunge due settimane di **ferie** non godute e permessi vari accumulati in questi mesi di onorato servizio.*".

Valentino si fermò.

Si chiese se l'email non fosse troppo **ironica**. Dopo averci riflettuto decise che andava benissimo così: da quel giorno la sua vita sarebbe stata diversa, e tutto cominciava proprio con quell'email! Sarebbe diventato un uomo differente: più **onesto** con sé stesso e con gli altri, più rispettoso del proprio tempo, avrebbe affrontato le decisioni più a cuor leggero e, **in definitiva**, sarebbe stato più felice e soddisfatto.

Guardò l'orologio: mancavano pochissimi minuti.

Chiuse velocemente l'email con i saluti e premette il tasto "Invio" senza pensarci su due volte. Spense il computer, si mise la **giacca** e guardò la sua tazza sulla scrivania chiedendosi cosa avrebbe dovuto farne. Era una tazza da tè, bianca, sopra c'era una scritta che diceva "*Il miglior consulente informatico del mondo*". La lasciò lì e scappò dall'uscita sul retro per non correre il rischio di incontrare i colleghi che sicuramente in quel momento erano già in **ascensore**.

Una volta chiusa la porta dietro di sé, Valentino si fermò e chiuse gli occhi un momento.

L'aria era **fresca** e **frizzante**. La signora Carla aveva ragione: faceva davvero freddo quel giorno! Sentiva la pelle del viso arrossarsi e tendersi per il vento che soffiava da nord e portava con sé l'odore della neve.

Riaprì gli occhi. Davanti a lui c'era solo il parcheggio dei camion delle consegne e alcuni **bidoni dell'immondizia** ancora da svuotare. Non era certo un belvedere, ma a Valentino in quel momento sembrava di stare in paradiso.

Fece il giro largo dell'edificio e uscì sulla strada principale, facendo attenzione ad evitare anche i colleghi più **ritardatari** che stavano ancora cercando parcheggio.

Valentino non sapeva bene cosa avrebbe fatto quella mattina. Era il suo primo giorno di libertà dopo tantissimo tempo, e l'avrebbe dedicato a sé stesso e alla **propria** felicità.

Passeggiava per la strada, la stessa strada che aveva percorso **centinaia di volte** nel tragitto dalla stazione della metropolitana all'azienda, ma oggi tutto gli appariva diverso.

Finalmente poteva vedere aperti molti negozi che aveva sempre visto chiusi.

Trovò persino una **libreria** che non sapeva nemmeno che esistesse. Era un negozietto con poca luce e tanti libri accatastati un po' ovunque. Dentro c'era una vecchietta che si era addormentata mentre **faceva a maglia**.

Passò oltre e si **imbatté** in una gelateria.

"Strano - pensò - una gelateria aperta in questa stagione".

Decise che era sicuramente un segno del destino, quindi entrò e prese un cono grande con panna montata e tre gusti di gelato. Si sentiva come in vacanza e voleva approfittare di tutto quello che la vita aveva da offrirgli.

Proseguì verso la metropolitana, prese il treno in direzione del centro e decise che per quel giorno avrebbe fatto un po' il turista nella propria città.

A Roma quel giorno il cielo era azzurro e il sole splendeva nonostante l'aria fredda. L'ideale per una passeggiata in centro!

Valentino scese alla fermata di Flaminio, entrò nella spettacolare Piazza del Popolo, passeggiò su via del Corso guardando le **vetrine** dei negozi, si fece un selfie sotto il **mastodontico** Altare della Patria, si fermò ad ascoltare gli artisti di strada cantare sulla via dei Fori Imperiali, comprò castagne calde a un **chiosco** sotto il Colosseo e prese il caffè a Piazza Navona.

La sua città non gli era mai sembrata così bella e lui era davvero **al settimo cielo**.

Aveva camminato tanto e lo stomaco iniziava a brontolare per la fame.

Valentino decise di andare a mangiare i "**carciofi alla giudìa**" nel **quartiere** ebraico in un ristorante che aveva alcuni tavolini all'aperto.

Dopo aver mangiato rimase seduto al tavolo ancora per un po', satollo e soddisfatto del pranzo. C'era un bel sole e si mise a leggere il giornale con calma.

All'improvviso sentì gridare il suo nome.

Alzò lo sguardo e vide ad alcune decine di metri Paolo, un **amico di vecchia data,** che sorrideva e lo salutava **sbracciandosi**. Non poteva credere ai suoi occhi. Non vedeva Paolo dai tempi dell'università, si erano persi di vista dopo la laurea ed era incredibile incontrarsi lì per puro caso.

Paolo e Valentino si abbracciarono **commossi**.

"Valentino, vecchio mio, quanto tempo! Sono così felice di averti incontrato".

"Anche io. Che incredibile coincidenza. Cosa ci fai da queste parti?".

"Non ci crederai. Oggi è una giornata davvero speciale per me. Sto iniziando una nuova vita".

Valentino era **stupito**. Sorrise e disse all'amico:

"Forse non ci crederai nemmeno tu. Anche per me è una giornata speciale. Mi sono appena licenziato dal posto di lavoro".

Paolo spalancò gli occhi, e un'**espressione** di **gioia** esplose sul suo **volto**.

"Lo sapevo, me lo sentivo che non poteva essere solo una **coincidenza**! Vieni, ti spiego tutto".

Paolo **trascinò** l'amico prendendolo **a braccetto**. Mentre passeggiavano per le strade romane, Paolo raccontava a Valentino il suo progetto.

"Ti ricordi all'università quando avevo presentato un **prototipo** di applicazione per il turismo?".

"Sì, lo ricordo. I professori erano molto entusiasti dell'idea. Peccato fosse rimasto tutto solo a livello teorico. Sviluppare l'idea sarebbe costato troppo".

"Sì, ma con il tempo ho trovato degli sponsor e ora quell'applicazione esiste davvero. Eccola qui, puoi vederla dal mio smartphone".

Paolo tirò fuori dalla tasca il suo telefono e lo porse a Valentino che esclamò:

"È proprio lei, la ricordo benissimo. Anzi, è addirittura meglio di come la ricordavo".

"Abbiamo **apportato** moltissimi **miglioramenti**. L'abbiamo già **sperimentata** e funziona **alla grande**. Vengo ora dall'ufficio del notaio dove ho avviato l'attività: un'**agenzia turistica**. Ho tutti i permessi, ho il locale in **affitto**, ho le guide turistiche pronte a firmare il **contratto**... Mi manca solo una cosa per **iniziare**".

"Cosa?" chiese Valentino al **culmine** della **curiosità**.

"Mi serve un **consulente informatico**. Valentino, te lo chiedo **ufficialmente**: vuoi lavorare con me?".

Valentino **rimase a bocca aperta**. Non sapeva cosa dire. Era **lusingato** dall'offerta ma si trattava dello stesso identico lavoro che aveva appena lasciato.

"Non saprei, Paolo. Volevo cambiare lavoro, cambiare vita, fare qualcosa di diverso...".

"Ti capisco perfettamente, amico mio. Ma ascoltami: sarà tutto diverso. Lavorerai **in centro**, in mezzo ai palazzi più belli di Roma. Avrai **orari flessibili**, colleghi da tutto il mondo, incontrerai sempre persone nuove, e soprattutto sarai mio **socio**".

"Socio? Dici sul serio?".

"Dico sul serio. Ho bisogno di una persona **fidata** per questo ruolo. E credo che il destino oggi ti abbia portato sulla mia strada per un motivo preciso".

Valentino sorrise. La **prospettiva** non era niente male e decise di accettare.

Da quel giorno la sua vita non sarebbe stata più la stessa.

Riassunto della storia

È il 14 febbraio, il giorno di San Valentino. Valentino è un consulente informatico ed è stanco del suo lavoro, quindi decide di licenziarsi per dare una svolta alla sua vita. Dopo aver mandato una e-mail alla responsabile delle risorse umane, lascia il suo ufficio e decide di fare un giro della sua città, Roma. Dopo pranzo incontra Paolo, un vecchio compagno di università che ha avviato un progetto e che ha bisogno di un socio fidato e di un consulente informatico, quindi chiede a Valentino se vuole lavorare con lui. Anche se all'inizio era incerto, Valentino accetta l'offerta di Paolo.

Summary of the story

On February 14th, Valentine's Day, the computer assistant Valentino decides to quit his job because it brings no satisfaction to him anymore. After sending an e-mail to the human resources manager, he leaves his office and decides to stroll around his city, Rome. After lunch he meets Paolo, a friend he has known since the time he was at the university, who needs a reliable partner and a computer manager for a project he has started. So, he asks Valentino if he wants to work with him. Even if at the beginning Valentino was not sure about Paolo's proposal, at the end he accepts.

Vocabulary

Scrivania: Desk
Mattina: Morning
Prendere: Take
Fissava: Stare at
Schermo: Screen
Vita: Life
Tempo: Time
Pensarci su: To think about
Consulente informatico: Computer assistant
Stipendio: Salary
Sera: Evening
Soddisfazione: Satisfaction
Sguardo fermo e voce decisa: Steady gaze and firm voice
Signora delle pulizie: Cleaning lady
Aspirapolvere: Vacuum cleaner
Moquette: Carpet
Dipendente: Employee
Aspirapolvere: Vacuum Cleaner
Esterrefatto: Appalled, astounded
Pulire: To clean
Imbarazzato: Embarassed
Bizzarro: Weird, bizarre
Responsabile di risorse umane: Human resources manager
Frenetico: Hectic
Direttore aziendale: Corporate director
Proficuo: Fruitful, profitable
Maturare: Take
Cospicuo: Significant, substantial
Onomastico: Name day
Redini: Rein
Prassi aziendale: Company practice
Ferie: Holiday
Ironico: Ironic
Onesto: Honest
In definitiva: In conclusion
Giacca: Jacket
Ascensore: Lift
Fresco: Cool
Frizzante: Sparkling
Bidone dell'immondizia: Trash bin
Ritardatario: Straddler
Proprio: Own
Centinaia di volte: A hundred times
Libreria: Bookshop
Fare a maglia: To knit
Imbattersi: To come across
Vetrina: Showcase

Mastodontico: Big, huge
Chiosco: Kiosk
Essere al settimo cielo: To be over the moon
Carciofi alla giudìa: (Roman recipe)
Quartiere: District, ward
Amico di vecchia data: Longtime friend
Sbracciarsi: To wave your arms
Commosso: Moved
Stupito: Astonished
Espressione: Look
Gioia: Joy
Volto: Face
Coincidenza: Coincidence
Trascinare: Drag
A braccetto: Arm in arm
Prototipo: Prototype
Apportare: To make
Miglioramento: Improvement

Sperimentare: Test
Alla grande: Great, amazing
Agenzia turistica: Tourist agency
Affitto: Rent
Contratto: Contract
Iniziare: Begin
Culmine: Peak
Curiosità: Curiosity
Consulente informatico: Computer consultant
Ufficialmente: Officially
Rimanere a bocca aperta: Be amazed
Lusingare: To flatter
In centro: Downtown
Orario flessibile: Flexible working hours
Socio: Partner
Fidato: Trustworthy
Prospettiva: Prospect

Questions about the story

1. Che lavoro fa Valentino?

    a) Cameriere
    b) Consulente aziendale
    c) Consulente informatico

2. Come lascia il suo lavoro?

    a) Con una e-mail
    b) Con una lettera
    c) Scappa dall'ufficio

3. Cosa decide di fare Valentino per il resto della giornata?

    a) Guardare la tv
    b) Fare il turista per la sua città
    c) Uscire con la sua fidanzata

4. Come si chiama il vecchio amico di Valentino?

    a) Paolo
    b) Mario
    c) Giovanni

5. Cosa succede alla fine della storia?

    a) Valentino e Paolo litigano
    b) Valentino diventa il nuovo socio di Paolo
    c) Paolo diventa il consulente informatico di Valentino

Answers

1. C
2. A
3. B
4. A
5. B

CHAPTER 2

IL GRATTA E VINCI

"*Si pregano i signori clienti di non **grattare** i **Gratta e Vinci** sui tavolini del bar, grazie*".

Ettore aveva letto quella frase non decine, ma centinaia di volte. Forse **addirittura** migliaia!

La frase **campeggiava** scritta con pennarello blu su un **foglio a quadretti**, sicuramente ritagliato da un vecchio quaderno e poi incollato **maldestramente** con nastro adesivo sul bancone davanti alla cassa del bar.

In quel modo, chiunque avesse comprato un "Gratta e Vinci" sarebbe stato al corrente del fatto che alla signora Rosaria, **proprietaria** del Bar Sport da decenni e sicuramente autrice del **famigerato** biglietto, non piaceva essere costretta a pulire i tavolini ogni cinque minuti.

In effetti, di "Gratta e Vinci" la signora Rosaria ne vendeva tantissimi. In questo senso, Ettore era uno dei suoi migliori clienti.

Ettore aveva un suo metodo, che **risaliva** ad un fatto curioso accaduto mesi prima, quando ancora non aveva mai grattato un Gratta e Vinci in vita sua.

Un giorno di gennaio si stava **recando** al bar, come spesso faceva, per prendere il caffè, salutare gli amici e leggere il giornale.

Era una mattinata **gelida**, Ettore camminava in fretta avvolto in sciarpa e cappotto, e il fiato che usciva dalla sua bocca formava nuvolette di vapore che **immediatamente** si disperdevano nella nebbia.

Era ancora buio, saranno state le sette del mattino: da quando era andato in **pensione**, alcuni anni prima, Ettore era diventato un tipo decisamente **mattiniero**.

Mentre camminava, Ettore quel giorno teneva il capo **chino**, come a voler trattenere una piccola quantità aggiuntiva di calore tra il collo e il petto, e guardava in basso verso il marciapiede.

Vedeva sassolini, foglie secche di ogni forma, mozziconi di sigaretta, piccoli rifiuti dai colori sbiaditi, ciuffi d'erba che spuntavano tra le **crepe** dell'asfalto... quando all'improvviso vide una busta.

Ettore si fermò e la **fissò**: era una busta di color oro. Sembrava perfettamente pulita, quindi Ettore dedusse che non doveva essere lì da molto tempo.

Alzò lo sguardo pensando che chi l'aveva persa non doveva essere andato molto lontano.

Si guardò intorno ma in tutta la piazza c'era solo lui. Si voltò e guardò in direzione della strada che aveva appena percorso, ma anche lì non c'era nessuno. Deserto.

Si decise quindi ad estrarre le mani dalle tasche, un po' **a malincuore** vista la temperatura polare di quel giorno.

Con le dita **intorpidite** dall'aria fredda raccolse la busta, la ispezionò davanti e sul retro, cercò nomi o indirizzi senza trovare nulla di utile, e infine l'aprì.

Il suo stupore fu grande quando, una alla volta, dalla busta uscirono ben dieci **banconote** da dieci euro l'una, per un totale di cento euro.

Ettore rimase letteralmente a bocca aperta.

Un milione di pensieri gli attraversarono la mente, ma alla fine solo uno **prevalse**: doveva trovare il proprietario di tutti quei soldi.

Per farlo, non **badò a spese**.

Stampò annunci che attaccò in tutte le bacheche del paese: negli uffici comunali, nei bar, all'oratorio, in chiesa, al circolo degli anziani, all'ufficio postale, nello studio medico, nei negozi di alimentari e dovunque ci fosse spazio.

In poco tempo il paesino fu invaso dall'**annuncio** di Ettore che diceva:

"È stata ritrovata una busta contenente del denaro il giorno 6 gennaio alle ore 7:00 circa in Piazza Garibaldi.

Per riaverla, il proprietario dovrà dare indicazioni precise sulla busta. Per informazioni rivolgersi al signor Ettore Saibene, telefono 33567878782".

La busta **recava** in un angolo una stellina disegnata con una matita rossa: un segno particolare che solo il proprietario avrebbe potuto conoscere.

Ma nessuno aveva chiamato, per un mese, due, tre...

Ad aprile, Ettore perse ogni **speranza**.

Nessuno aveva reclamato quei soldi, e lui iniziò a riflettere su cosa farne.

Darli in beneficenza? Ettore donava già molto denaro a diverse cause, di solito a Natale.

Donarli al centro anziani dove passava i pomeriggi? Scartò l'idea quando seppe che il comune destinava molti fondi al centro.

Comprarsi qualcosa di bello? Non gli serviva niente, aveva già tutto quello che desiderava.

Finché il suo amico Gianni, altro noto frequentatore del Bar Sport, gli disse:

"Io, se fossi in te, li **investirei**".

"Investirli? Che **sciocchezza**, Gianni. In fondo sono solo cento euro, non ne vale la pena".

"E invece sì. Senti la mia idea. Un Gratta e Vinci costa un euro. Tu ne puoi comprare cento.

Sai quante probabilità di vincita hai con cento biglietti?".

"No. Quante?".

"Un sacco!" assicurò Gianni. Non era propriamente un dato scientifico, ma **l'entusiasmo** di Gianni era contagioso.

"Non saprei, Gianni. Non mi piace il gioco d'azzardo, lo sai...".

"Lo so, ti conosco bene amico mio. Ma questi soldi non sono tuoi. Non ci perderesti niente.

E se fosse un segno del **destino**? Se la vita stesse cercando di ricompensarti per tutta la tua bontà?

Sei un uomo buono, generoso e onesto, Ettore. Forse il più buono che conosco. Io, se fossi nei tuoi panni, darei al destino una possibilità".

Furono quelle parole a convincere Ettore.

"E va bene, mi hai convinto. Ma mi dovrai aiutare, non ho mai comprato un Gratta e Vinci".

Gianni si offrì volentieri di dare una mano all'amico.

Andarono alla cassa del bar e chiesero alla signora Rosaria cento biglietti Gratta e Vinci, non consecutivi.

Per rispettare l'ordine **perentorio** di non grattare sui tavolini, andarono fuori dal bar e si sedettero su una panchina.

"Ce l'hai una moneta?" chiese Gianni.

"Da quanto?".

"Non ha importanza, ti serve solo per grattare i biglietti".

Ettore **frugò** nelle tasche e tirò fuori degli spiccioli. Presero una moneta ciascuno e un biglietto.

"Ecco, vedi? Funziona così - disse Gianni - qui sopra devi grattare i numeri vincenti, uno ad uno.

Poi devi controllare che ci siano anche qui, in questi riquadri in basso. Se completi una serie, hai vinto".

"Vinto che cosa?".

"Non lo so, dipende dalla serie che hai completato".

"Sembra facile. Cominciamo?".

"Vai!".

Fu così che tutto ebbe inizio.

In una **tiepida** giornata di aprile, con due pensionati - Ettore e Gianni - seduti su una panchina a **grattare** cento biglietti del Gratta e Vinci.

Trovarono diversi premi, la maggior parte piccoli (da 5 o 10 euro), altri un po' più **sostanziosi**.

Tutte le vincite di quel giorno furono investite in altri biglietti, e nemmeno un euro fu speso per comprare altre cose al di fuori dei Gratta e Vinci.

Andavano avanti in questo modo, con un sistema che permetteva di comprare biglietti **in continuazione** senza mai spendere un centesimo di tasca loro: grattavano, vincevano, ottenevano altri biglietti, grattavano ancora, vincevano ancora...

In questo modo Ettore e Gianni grattarono migliaia e migliaia di biglietti in pochi mesi.

Sembrava una follia, ma i due erano convinti di una cosa: prima o poi sarebbe arrivato il Gran Premio e avrebbero smesso di grattare.

Il Gran Premio era un **montepremi esorbitante**: si trattava di un premio in denaro di cinquecentomila euro.

Alcuni dicevano che quel premio in realtà non esistesse affatto e servisse solo ad aumentare le vendite, altri dicevano che Ettore e Gianni erano **matti** e che sarebbero andati avanti così per anni, altri ancora cercavano di convincerli ad accontentarsi di una vincita minore.

Ma i due amici erano irremovibili. **Proseguivano** quindi nel loro **bizzarro** progetto, anche a costo di diventare gli **zimbelli** del paese.

Fino a quel giorno.

Ettore fissava il biglietto **scritto a mano** dalla signora Rosaria, ormai consumato dal tempo. Il nastro adesivo aveva perso aderenza e trasparenza: si era **ingiallito** e in un paio di punti si era **scollato**.

Era passato quasi un anno da quel primo, folle investimento.

Ettore aveva appena **riscosso** la sua vincita sotto forma di biglietti. Erano tantissimi, come al solito. Si sedette fuori sulla panchina e aspettò Gianni, che quel giorno **era** un po' **in ritardo**.

Non vedendolo arrivare, iniziò da solo.

Grattò un biglietto, poi due, poi dieci, poi cento... Stava succedendo una cosa **strana**. Nessuno di quei **biglietti** era **vincente**.

Niente, nemmeno un misero euro di vincita. Ettore iniziò a preoccuparsi.

"Ecco, lo sapevo. Questo **folle** gioco sta arrivando al suo termine. Non potevamo certo andare avanti così all'**infinito**.

Cosa avevo in testa? Perché mi sono lasciato **convincere** da Gianni? Avrei dovuto usare quei soldi per portare fuori a cena mia moglie, ecco la **verità**! Sono stato uno **stupido**".

Ettore grattava e grattava, ma non **succedeva** niente. Per la prima volta in tanto tempo, tutti i biglietti grattati erano risultati non vincenti.

Ne restava solo uno.

Ettore si fermò e lo **fissò**, come a voler leggere sotto lo strato da grattare.

In quel momento arrivò Gianni. Ettore gli **spiegò** con aria **grave** quello che era appena successo.

"Capisco - disse Gianni, scuro in volto - su, amico mio, grattiamo questo ultimo biglietto insieme, e speriamo che ci sia almeno una **piccola** vincita".

I due amici si **misero** a grattare un numero ciascuno, a turno. Iniziò Gianni.

"Ottantotto. Un bel numero tondo, sento che ci porterà fortuna... Infatti, eccolo qui! Tocca a te".

Ettore grattò il secondo numero: cinquantadue.

"Oh, abbiamo anche questo, meno male. Vai, è il tuo **turno**".

Grattarono un numero per uno e **scoprirono** che qualcosa di **magico** si stava **realizzando** sotto le loro mani: stavano uscendo tutti i numeri, una cosa mai accaduta **prima**.

Alla fine, mancava un solo numero: l'uno.

Tremando, i due amici **afferrarono** insieme la moneta e grattarono l'ultimo centimetro di velo argentato. Dallo strato grattato via **sbucò** piano piano il numero uno. Si guardarono negli occhi senza sapere cosa dire.

Ettore e Gianni avevano appena vinto il Gran Premio.

Si diedero un **pizzicotto a vicenda** per essere sicuri che non fosse un **sogno**.

Si guardarono intorno **circospetti** per assicurarsi che nessuno li avesse visti.

Si chiesero se non fosse uno scherzo degli amici del bar, ma il biglietto era decisamente vero e non **fasullo**.

Controllarono e ricontrollarono i numeri, ma non c'era nessuna possibilità di **errore**.

La loro **strategia** aveva funzionato. Non erano due vecchi matti ma due anziani improvvisamente molto ricchi.

Non sapevano se ridere o piangere, si **abbracciarono** con le lacrime agli occhi e rimasero senza parole per un bel po' di tempo. Alla fine Ettore riuscì a parlare:

"Cosa facciamo con tutti questi soldi?".

"Non lo so. Sono tantissimi".

"Io un'idea ce l'avrei. Apriamo un negozio".

"Ma quale negozio? In paese c'è tutto ormai".

"Non proprio tutto... manca ancora una cosa".

Pochi mesi dopo, Ettore e Gianni **inaugurarono** nella piazza del paese, a due passi dal **ritrovamento** della **busta** dorata, "I libri della buona stella", una libreria speciale in una **palazzina** di sei piani, con grandi sale lettura, divani, un bar e **sconti speciali** per tutti i **pensionati**.

Riassunto della storia

Ettore è un signore ormai in pensione che, in un giorno freddo, trova a terra una busta d'oro che contiene cento euro. Volendola restituire al proprietario, fa un annuncio a cui però non risponde nessuno. Ne parla con il suo amico Gianni, anche lui in pensione, che gli suggerisce di investire quel denaro comprando molti gratta e vinci. I due amici iniziano così a grattare a più non posso finché non vincono un montepremi di 500.000 euro. Gianni propone quindi di aprire una libreria speciale per pensionati, con sale lettura e bar.

Summary of the story

It is a very cold day and Ettore, a retired man, finds a golden envelope on the ground. He finds out that it contains one hundred euros. He wants to turn it back to its owner, so he makes an announcement. No one replies. Ettore talks about this with his retired friend Gianni, who suggests him to invest that money by buying a lot of scratchers. At the end, the two friends win a jackpot of 500.000 euros. Gianni suggests to open a special bookstore for retired people, with reading rooms and lounges.

Vocabulary

Grattare: Scratch
Gratta e Vinci: Scratcher
Addirittura: Even
Campeggiare: Was written
Foglio a quadretti: Squared sheet
Maldestramente: Maladroitly
Proprietario: Owner
Famigerato: Famed
Risalire: Dating back to
Recarsi: To go to
Gelido: Frosty
Immediatamente: Immediately
In pensione: Retirement
Mattiniero: Morning person
Chino: Bowed
Crepa: Crevice
Fissare: To stare at
A malincuore: Regretfully
Intorpidito: Numb
Banconota: Banknote
Prevalere: To prevail
Badare a spese: To spare no expense
Annuncio: Announcement
Recare: To bear
Speranza: Hope
Donare: To give

Investire: To invest
Sciocchezza: Nonsense
Entusiasmo: Enthusiasm
Destino: Destiny
Perentorio: Peremptory
Frugare: To go through
Tiepido: Warm
Grattare: To scratch
Sostanzioso: Substantial
In continuazione: Again and again
Montepremi: Jackpot
Esorbitante: Exorbitant
Matto: Crazy
Proseguire: To go on
Bizzarro: Weird
Zimbello: Laughingstock
Scritto a mano: Handwritten
Ingiallito: Yellowed
Scollato: Unglued
Essere in ritardo: To be late
Strano: Weird
Biglietto: Ticket
Vincente: Winning
Folle: Crazy
Infinito: Infinite
Convincere: Persuade
Verità: Truth
Stupido: Stupid

Succedere: Happen
Fissare: Stare at
Spiegare: Explain
Grave: Serious
Piccolo: Small
Misero: Miserable
Turno: Turn
Magico: Magic
Realizzare: Realise
Prima: Before
Afferrare: Catch
Sbucare: Pop out
Pizzicotto: Pinch
A vicenda: Each other

Circospetto: Circumspect
Sogno: Dream
Fasullo: Fake
Controllare: Control
Errore: Mistake
Strategia: Strategy
Abbracciare: Embrace
Inaugurare: To inaugurate
Ritrovamento: Finding
Busta: Envelope
Palazzina: Building
Sconti speciali: Special offers
Pensionato: Retired

Questions about the story

1. Chi è Rosaria?
   a) La moglie di Ettore
   b) La proprietaria della libreria
   c) La proprietaria del bar

2. Di che colore è la busta che Ettore trova?
   a) Rossa
   b) Oro
   c) Bianca

3. Quanti soldi trova Ettore nella busta?
   a) 100 euro
   b) 1000 euro
   c) 150 euro

4. Quanto costa un Gratta e Vinci?
   a) 3 euro
   b) 10 euro
   c) 1 euro

5. Cosa decidono di fare Ettore e Gianni con il denaro vinto?
   a) Darli in beneficienza
   b) Aprire una libreria
   c) Organizzare una festa

Answers

1. C
2. B
3. A
4. C
5. B

CAPITOLO 3:
VACANZA A SORPRESA

Din don!

Qualcuno stava suonando il **campanello** di casa Bianchi. Il signor Giuseppe, con una **smorfia** di **disappunto**, si alzò dalla sua poltrona preferita **borbottando**:

"Chi sarà adesso?".

Non aveva proprio voglia di alzarsi in quel momento perché in televisione stavano dando la **replica** mattutina della sua serie preferita, "*Rocco Schiavone*", che narra le vicende di un **vicequestore** romano trasferito ad Aosta.

Mentre il signor Giuseppe camminava verso la porta **strisciando** le **ciabatte** lungo il corridoio di casa, il **citofono** suonò un'altra volta.

Din don!

"Arrivo, arrivo! Uff, al giorno d'oggi vanno tutti di fretta, uno non ha nemmeno il tempo di alzarsi dalla poltrona con calma...".

Aprì la porta e si trovò davanti il postino.

"Ah, ciao Carlo. Sei tu".

"Buongiorno signor Bianchi, mi scusi se ho suonato due volte ma ho lasciato il **furgone** della posta in **doppia fila** e non vorrei che la polizia municipale mi **multasse**".

"Ecco svelato il mistero di tanta **insistenza**, allora".

"Ecco, tenga, c'è una **raccomandata con ricevuta di ritorno** indirizzata a lei e a sua moglie. Deve **firmare** qui, qui e qui, grazie".

L'anziano firmò e un istante dopo il postino scappò via più rapido di un fulmine.

Il signor Giuseppe rientrò in casa osservando la busta che era appena stata **recapitata**.

"Raccomandata con ricevuta di ritorno... addirittura tre firme... deve essere sicuramente qualcosa di molto importante. **Oh mamma**, speriamo che non sia niente di grave!".

Prese un **taglierino** dalla cucina e aprì attentamente la busta.

Sfilò il foglio contenuto, cominciò a leggere e arrivato a metà pagina **strabuzzò gli occhi**, si mise una mano sul petto e cercò velocemente nelle **tasche** dei pantaloni le **pastiglie** per il cuore.

In quel momento entrò in cucina Rita, sua moglie. Lo vide in quello stato e gridò:

"Giuseppe! Stai bene? Chiamo un'**ambulanza**!".

Ma il signor Giuseppe, **a stento**, disse:

"No tesoro, non ti preoccupare. Non è un **infarto**. Sto bene. È solo che... accidenti, stento ancora a crederci".

"Credere a cosa? Che succede?".

La signora Rita si stava **preoccupando**. Vide la lettera tra le mani di suo marito, la prese e la lesse **a voce alta**.

"***Spettabili** Rita e Giuseppe Bianchi, in seguito ad una recente **ristrutturazione** del magazzino della nostra azienda è stato ritrovato un **reclamo** risalente all'anno 1975...* Giuseppe, ma che cosa è questa **roba**? Uno scherzo?".

"Credo di no. Leggi, vai avanti".

"***Tale*** *reclamo è rimasto **insoluto** causa **smarrimento** della **pratica**...* cioè?".

"Vuol dire che nessuno ha mai risposto a quel reclamo, fino ad oggi" rispose Giuseppe asciugandosi con un fazzoletto il **sudore** che ancora gli imperlava la fronte **rugosa**. Rita continuò.

"*A tal proposito siamo lieti di **informarvi** che, per rimediare al danno da voi subito, la nostra azienda ha deciso di farvi omaggio di un buono per un viaggio intorno al mondo che avrà **validità** a partire da...* Cosa?!".

Adesso era Rita quella che non credeva ai propri occhi.

"Rita, cara, cosa ti ricorda il 1975?".

"È l'anno in cui ci siamo sposati".

"Esatto - rispose Giuseppe - e ti ricordi cosa accadde durante il nostro **viaggio di nozze**?".

"Certo, come dimenticarlo? A Venezia ci fu un **malinteso** con **l'agenzia viaggi**. Per errore ci assegnarono due stanze separate invece che una **stanza matrimoniale**.

Eravamo in alta stagione e non c'erano altri posti liberi. Fummo **costretti** a passare le due notti prenotate in stanze separate e ...".

"E quando tornammo a casa mio fratello Guido ci suggerì di presentare un reclamo, ricordi?".

"Ah, è vero. L'avevo completamente dimenticato. **Oh cielo**, vuoi dire che, dopo tutti questi anni, hanno finalmente risposto al nostro reclamo?".

"Sì!".

"Però non capisco. Perché ci offrono addirittura un viaggio intorno al mondo? Non ti sembra **esagerato** per un **paio** di notti nella stanza sbagliata?".

"Ho letto tutta la lettera. Dice che, a causa degli interessi maturati in tutti questi anni, e a causa del **danno emotivo** subito durante un viaggio speciale come è il viaggio di nozze, non potevano offrirci meno di così".

La signora Rita, al **culmine** della gioia, scoppiò in una **fragorosa** risata. Poi abbracciò suo marito e disse:

"Ma è meraviglioso! Finalmente abbiamo trovato qualcosa da fare in questo freddo e noioso inverno!".

Rita e Giuseppe erano già in pensione da alcuni anni il giorno in cui ricevettero la lettera dell'agenzia viaggi.

Non avrebbero dovuto prendersi ferie o **giorni di permesso** dal lavoro per fare un viaggio. Però in casa avevano due cani e un gatto che non potevano restare soli per tutto quel tempo.

Fu il primo pensiero di Rita. Si mise subito a cercare un dog sitter che le **desse** abbastanza **fiducia**.

Dopo molte **interviste**, alla fine scelse Carolina, una giovane studentessa di Belle Arti che viveva nel quartiere accanto e che cercava un **lavoretto** per pagarsi le vacanze estive.

Carolina ricevette una copia delle chiavi di casa. Avrebbe portato i cani a spasso due volte al giorno e avrebbe avuto cura del gatto.

Poi fu la volta del giardino e delle piante.

Rita era una grande **appassionata** di giardinaggio: la casa dei **coniugi** Bianchi era piena di vasi ovunque, persino in bagno!

Giuseppe comprò un sistema di irrigazione goccia a goccia per tutte le piante di Rita: le **radunò** nella stanza più luminosa e le attrezzò in maniera che non avessero bisogno che qualcuno le innaffiasse per molte settimane.

Per il giardino chiese aiuto al vicino di casa, Emilio, conosciuto nel quartiere per avere il prato più bello e più verde di tutti.

Giuseppe si fidava ciecamente delle sue **capacità** di giardiniere e gli affidò le chiavi del **cancello esterno**.

Poi fu la volta dei **bagagli**.

Rita e Giuseppe non viaggiavano da molti anni.

Al massimo ogni tanto, il sabato, andavano al mercato in città, oppure a fare una passeggiata sul lungolago a Como.

Le loro vecchie valigie erano **malridotte**, fuori moda e poco pratiche.

Con l'aiuto della **nipote** Giada trovarono in un negozio online un bellissimo set di valigie a un prezzo ragionevole.

Rita poté persino sceglierle tutte del suo colore preferito: il rosa.

Il set includeva due trolley grandi, due trolley più piccoli **utilizzabili** come bagaglio a mano, una piccola borsa a tracolla per gli spostamenti di tutti i giorni, uno zaino e un beauty case.

Rita pagò con la sua carta di credito e l'ordine arrivò a casa Bianchi pochi giorni dopo **tramite corriere espresso**.

Una volta comprate le valigie, i due anziani si chiesero cosa avrebbero dovuto metterci dentro.

"Dove andremo?" chiese Rita.

"Non lo so. Ovunque! Dappertutto! In ogni angolo del pianeta!" rispose con entusiasmo Giuseppe.

"Ma così è molto complicato pensare a cosa mettere in valigia".

Di nuovo arrivò in aiuto Giada.

"Nonno, nonna, io so cosa dovete mettere in valigia".

I due **anziani** si girarono verso la giovane nipote e chiesero:

"Come fai a saperlo? Hai mai fatto un giro del mondo?".

"No - rispose Giada - ma ci ho pensato spesso. Cosa porterei con me se dovessi fare il giro del mondo? La risposta è facile.

Un libro, una macchina fotografica, un **costume da bagno**, della **biancheria intima**, delle scarpe comode, una maglietta, un paio di pantaloni corti, un paio di pantaloni lunghi, un maglione e una giacca pesante".

"Tutto qui? Mi sembra un po' poco", commentò Giuseppe **perplesso**.

"Ha ragione nostra nipote - rispose Rita - si tratta del **minimo indispensabile**. Mi sembra un'ottima soluzione".

"Ma... e il resto? Cosa faremo se dovesse servirci qualcosa che non abbiamo portato?" chiese Giuseppe.

"Lo compreremo strada facendo!" sentenziò Rita.

"Mi avete convinto - ammise Giuseppe - vorrà dire che faremo un bel po' di shopping in giro per il mondo"

Fu così che dopo pochi giorni i due anziani coniugi partirono per quel viaggio che non avevano mai nemmeno lontanamente immaginato di fare, e lo fecero con i bagagli leggerissimi.

Visitarono tutti i continenti, e in ogni continente comprarono qualcosa: una maglia, una sciarpa, un berretto di lana, degli stivali da neve, un ombrello pieghevole, un ventaglio, degli occhiali da sole, degli infradito, un **impermeabile**, una muta da sub...

Andarono in Egitto, in Messico, in India, in Nuova Zelanda, alle Hawaii, in Canada, in Cina...

Rita imparò a fare **immersioni** lungo la **barriera corallina**, e Giuseppe **coronò** il suo sogno di ammirare le montagne del Nepal.

Rita prese un'influenza pesantissima in Irlanda; dal canto suo, Giuseppe si slogò una caviglia in Giappone.

Ma, a parte questi piccoli **contrattempi**, il viaggio andò benissimo: tutto filò liscio come l'olio e non ci fu mai un errore in nessuna **prenotazione**.

Presero decine di aerei, traghetti, navi, treni... e in Turchia non si fecero mancare un viaggio in **mongolfiera**.

Fotografarono il Grand Canyon, la **Grande Muraglia**, l'Ayers Rock, **le cascate del Niagara**, il Taj Mahal e le piramidi.

Ma anche i mercatini di **tulipani** ad Amsterdam, le spiagge nascoste sulle isole della Thailandia, i **negozietti** di Shangai, il tram di Lisbona, gli **asini** della campagna greca, le chiese russe e i bar di Rio de Janeiro.

Strinsero amicizia con tantissime persone in ogni luogo visitato, e provarono sempre con coraggio e senza pentirsene la **cucina locale**, anche quando il piatto non sembrava molto appetitoso o conteneva cavallette!

Rita e Giuseppe tornarono nella loro casa dopo quasi tre mesi, **esausti** ma felici, **abbronzati** e di **buonumore**.

Ma soprattutto con tanti bei ricordi da tenere nell'**armadio**.

Riassunto della storia

Rita e Giuseppe si sono sposati nel 1975, e ormai sono in pensione. Durante il loro viaggio di nozze a causa di un errore di prenotazione avevano dovuto passare una notte in stanze separate anziché in una stanza matrimoniale. I due decidono quindi di fare un reclamo. Dopo più di quarant'anni, l'agenzia che si era occupata di questo viaggio invia una lettera ai due coniugi dove diceva che, per scusarsi del reclamo che non era mai stato evaso, era lieta di regalargli un viaggio intorno al mondo. Rita e Giuseppe preparano subito i bagagli, e partono per il loro viaggio che durerà tre mesi.

Summary of the story

Rita and Giuseppe got married in 1975, and are now retired. Due to an error during the booking process for their honeymoon, they had to spend a night in separate rooms instead of a bridal suite. So, they decide to file a complaint. After more than forty years, the same travel agency sends a letter to Rita and Giuseppe. Since the complaint has never been dealt with, the agency wanted to apologize by giving the couple a travel around the world. Rita and Giuseppe pack straight away, and leave for a three-months holiday.

Vocabulary

Campanello: Doorbell
Smorfia: Grimace
Disappunto: Disappointment
Borbottare: Mumble
Strisciare: To drag
Ciabatta: Slipper
Citofono: Doorbell
Furgone: Lorry
In doppia fila: Double-parked
Multare: To fine
Insistenza: Insistence
Raccomandata con ricevuta di ritorno: Acknowledgment of receipt
Firmare: To sign
Recapitare: To deliver
Oh mamma: (Interjection) Oh my God
Taglierino: Box cutter
Sfilare: To extract
Strabuzzare: To open your eyes wide
Tasca: Pocket
Pastiglia: Pill
Ambulanza: Ambulance
A stento: Barely
Infarto: Heart attack
Preoccuparsi: To get worried
Voce alta: Loud voice

Spettabile: Esteemed
Ristrutturazione: Renovation
Reclamo: Complaint
Roba: Stuff
Tale: This
Insoluto: Unsolved
Smarrimento: Loss
Pratica: Dossier
Sudore: Sweat
Rugoso: Wrinkled
Informare: To inform
Viaggio di nozze: Honeymoon
Malinteso: Misunderstanding
Agenzia di viaggi: Travel agency
Stanza matrimoniale: Bridal suite
Costretto: Obliged
Oh cielo: (Interjection similar to *Oh mamma*)
Esagerare: To exaggerate
Paio: A couple
Danno emotivo: Emotional damage
Culmine: Culmination
Fragoroso: Resounding
Giorno di permesso: Day off
Dare fiducia: To give confidence

Intervista: Interview
Lavoretto: Job
Appassionato: Passionate
Coniugi: Spouses
Radunare: To gather
Capacità: Skills
Cancello esterno: External gate
Bagagli: Luggage
Malridotto: Beat-up
Nipote: Granddaughter
Utilizzabile: Ragged
Tramite: Through
Corriere espresso: Express delivery
Una volta: After
Anziano: Aged
Costume da bagno: Bathing suit
Biancheria intima: Underwear
Perplesso: Perplexed
Minimo indispensabile: Bare minimum
Impermeabile: Raincoat
Immersione: Dive
Barriera corallina: Coral reef
Coronare: To crown
Contrattempo: Setback
Prenotazione: Reservation
Grande Muraglia: Great Wall of China
Cascate del Niagara: The Niagara Falls
Negozietto: Little shop
Asino: Donkey
Cucina locale: Local cuisine
Esausto: Exhausted
Abbronzato: Tanned
Buonumore: High spirits
Armadio: Wardrobe

Questions about the story

1. Cosa stava facendo Giuseppe quando suonano alla porta?
    a) Stava guardando la tv
    b) Stava cucinando
    c) Stava dormendo

2. Chi ha spedito la lettera?
    a) La ditta di ristrutturazione
    b) L'agenzia di viaggio
    c) Il fratello di Giuseppe, Guido

3. Cosa era successo a Venezia nel 1975?
    a) Il viaggio era stato cancellato
    b) C'era stato un errore nella prenotazione del volo
    c) C'era stato un errore nella prenotazione delle stanze

4. Come si chiama la nipote di Giuseppe e Rita?
    a) Giada
    b) Giulia
    c) Gianna

5. Quanto dura il viaggio?
    a) 3 anni
    b) 3 giorni
    c) 3 mesi

Answers

1. A
2. B
3. C
4. A
5. C

CAPITOLO 4:

UN FINE SETTIMANA DI LIBERTÀ

La vita è una **pacchia** quando si ha la fortuna di nascere **gatto da appartamento**.

Lo sapeva bene Nerone, un grande **gatto persiano** dal pelo lungo e **morbido**, nero dalla testa ai piedi (anzi, alle **zampe**) e con grandi occhi gialli.

Nerone aveva passato la vita intera (quasi sette anni ormai) all'interno dell'appartamento della signora Anna. Non era mai uscito dalla **porta** di casa. Anzi, ad essere precisi sì.

Qualche volta, mentre era **sovrappensiero**, la signora Anna aveva lasciato aperta la porta principale dell'appartamento, e Nerone si era **avventurato** sul **pianerottolo**, annusando gli **zerbini** dei vicini e i primi **gradini** delle scale che salivano e scendevano.

Ma tutte le volte era arrivata di corsa Anna strillando:

"Nerone! **Cattivo** gatto, cattivo. Non si esce di casa. È **pericoloso**", e così dicendo l'aveva preso in braccio e riportato dentro, richiudendo **velocemente** la porta dietro di sé.

Qualche altra volta era stato infilato **a forza** nel trasportino, caricato in macchina e obbligato ad una **fastidiosissima** visita dal **veterinario**.

Era successo più o meno una volta all'anno da quando era nato, più un'altra volta non programmata il giorno in cui aveva **deciso** di **assaggiare** una nuova pianta sul balcone e si era sentito male.

Davvero un **peccato**, perché la pianta - a parte gli spiacevoli inconvenienti digestivi - era deliziosa.

A Nerone non piaceva andare dal veterinario: veniva messo su un tavolo **freddo**, toccato da tutte le parti e pizzicato con siringhe appuntite.

Per questo passava l'intero tragitto in auto (di circa dieci minuti) lamentandosi e miagolando di pena.

Oltre al pianerottolo del condominio e allo studio del veterinario, Nerone conosceva bene anche tutto quello che c'era fuori dal **balcone** di casa.

Passava molte ore all'aperto, **acciambellato** su una sedia morbida, guardando gli uccellini che beccavano le **ghiande** degli alberi, i bambini che rientravano da scuola, il postino che consegnava lettere e le **nuvole** che correvano nel cielo azzurro.

In mezzo a tutte queste cose belle, Nerone vedeva anche i pericoli dai quali la signora Anna cercava di metterlo in guardia: il grosso camion del negozio di **elettrodomestici** sotto casa, gli **enormi** autobus, le **rumorose** auto dei vicini e un grande cane scuro che viveva nel palazzo di fronte.

A volte gli capitava di vedere altri gatti **passeggiare** giù in cortile, e si chiedeva come potessero **andarsene in giro** tanto **tranquillamente**, in quel mondo così pericoloso, senza alcun **timore**.

Nerone sapeva di vivere a Roma, ma non aveva mai visto niente al di fuori di casa sua.

Tutto sommato, gli piaceva l'appartamento in cui viveva.

Era pieno di posticini dove **schiacciare un pisolino**, Anna e suo marito lo trattavano come un principe, gli permettevano di guardare la televisione sul divano insieme a loro ogni sera, e una volta alla settimana (di solito la domenica) lo premiavano con un **pranzetto** speciale a base di tonno biologico.

Il suo pelo era pulito e soffice, la ciotola sempre piena, e non mancava mai una buona **dose** di **coccole** tutti i giorni.

Questo era il mondo di Nerone, prima di quel **fatidico** giorno di aprile che avrebbe cambiato per sempre la sua vita felina.

Era un venerdì mattina, fuori c'era un bel sole ma le nuvole correvano più del solito.

Un vento impetuoso **sferzava** le **chiome** degli alberi e faceva **sbattere** le **serrande**, ma Nerone non se ne preoccupava.

In casa era al sicuro e in più quel giorno si era svegliato pensando che gli sarebbe piaciuto tanto dormire un po' nella **stanza degli ospiti**, quella vicina all'**ingresso**.

La stanza degli ospiti era chiamata così solo in maniera **scherzosa**.

Effettivamente, nessun ospite avrebbe mai potuto dormirci: **verteva** infatti nel **caos** più totale.

Veniva utilizzata per **stipare** vestiti non adatti alla stagione in corso, per stirare, per **stendere i panni** quando fuori pioveva e per mille altre usi.

A Nerone piaceva perché lì regnava sempre il silenzio e perché, in mezzo a tutta quella **confusione**, spesso poteva nascondersi senza che nessuno avesse modo di trovarlo per un bel pezzo.

Andò a raggomitolarsi sopra una **pila** di asciugamani appena lavati che **profumavano** ancora di **ammorbidente** e si addormentò.

Mentre sognava nuove confezioni di croccantini al sapore di pollo e piante velenose, Nerone fu svegliato da un suono **sconosciuto**.

Era come un **fruscìo** lungo il muro della stanza, che a tratti si interrompeva e lasciava il posto ad un breve **sgocciolio**.

Si alzò, **sbadigliò**, stiracchiò le zampe e corse fuori a vedere cosa stava accadendo.

Con immensa sorpresa, vide che la porta dell'ingresso era socchiusa. Il suono **misterioso** proveniva proprio dal pianerottolo e, incapace di resistere alla **tentazione** di quel rumore così invitante, sgattaiolò fuori.

Sul pianerottolo trovò un ragazzo che puliva il pavimento.

Nerone lo conosceva bene: era un **inserviente** del servizio di pulizia del condominio, durante i suoi riposini sul balcone l'aveva visto entrare nel palazzo tante volte, sempre alla stessa ora.

Ma non aveva mai visto cosa usasse per pulire.

Si trattava di un oggetto davvero **curioso**: era un lungo bastone rosso alla cui estremità erano legati tanti **laccetti** colorati che strisciavano per terra.

Producevano un bel suono quando sfregavano contro il **battiscopa** del muro, e probabilmente erano loro gli **artefici** del fruscìo che aveva svegliato l'istinto predatore del gatto.

Nerone non riuscì a resistere e si mise a giocare con i laccetti colorati. Erano umidi e **flaccidi**, un po' fastidiosi al tatto, ma si muovevano continuamente di qua e di là ed era come se dicessero:

"Acchiappaci Nerone!".

In quel momento il ragazzo delle pulizie vide il gatto e gridò:

"**Gattaccio**, smettila di giocare con il **mocio** e lasciami lavorare. Via, **sciò!**", e così dicendo agitò lo strano strumento davanti alla faccia di Nerone, che corse via a gambe levate, terrorizzato da quell'oggetto che lo aveva attaccato senza ragione apparente nel bel mezzo del gioco.

Nerone si ritrovò nell'**atrio** del palazzo, dove la grande porta a vetri era chiusa.

Senza nemmeno rendersene conto, era sceso di corsa per l'unica via **percorribile**: le scale. Di tornare di sopra, non se ne parlava neanche.

Per niente al mondo avrebbe di nuovo **affrontato** quel mostro terribile!

Mentre ancora si chiedeva che cosa avrebbe fatto, la porta si aprì e un vicino entrò. Senza pensarci due volte, Nerone schizzò fuori dal condominio come un proiettile.

Era fuori.

Nerone si fermò, si guardò intorno e per un momento fu preso dal panico.

Non era mai stato da solo così lontano da casa. Quello era il mondo spaventoso e pieno di pericoli dal quale la signora Anna l'aveva sempre **protetto**.

E ora lui era lì fuori, senza nessuno che lo aiutasse, completamente in **balìa** del destino e incapace di sapere cosa fare.

Udì in quell'istante il **clacson** del camion delle consegne. Via, non c'era un secondo da perdere! Nerone **saltò** dentro un'**aiuola** e si **acquattò** sotto un **cespuglio**, dove nessuno lo avrebbe visto.

Stava ancora aspettando che il camion se ne andasse quando si accorse che sotto quel cespuglio, al buio e lontano da occhi indiscreti, c'erano diverse ciotole con acqua e croccantini.

Bevve molta acqua e fece uno **spuntino**, felice di aver trovato di che **rifocillarsi** in quel terribile **frangente**. I croccantini avevano un sapore diverso da quelli che gli dava Anna, ma non erano niente male.

Si stava ancora leccando i baffi quando dietro di lui apparve un gatto.

Nerone restò immobile, senza sapere se **scappare**, attaccare con un'**unghiata** o salutare **educatamente**.

Aveva visto quel gatto tante volte in cortile: era un gatto strano, tutto bianco, con gli occhi azzurri e con solo tre zampe. Nerone decise di tentare la via **diplomatica**.

"Ehm, buongiorno. Mi chiamo Nerone, vivo all'interno 3".

Il gatto bianco fece una **smorfia** e gridò:

"Come dici? Hai trovato un bel maglione che fa **coccodè**?".

"Mi chiamo Nerone - ripeté a voce più alta - vivo all'interno 3, tu chi sei?".

"Piacere Nerone, sono Romeo, e come tutti i gatti bianchi sono un po' **sordo**, devi scusarmi. Cosa ci fai fuori di casa?".

Nerone era molto contento di non dover **litigare** con il gatto bianco. Gli raccontò la sua **disavventura** - naturalmente urlando un po' per farsi sentire bene - e Romeo lo accolse come un amico.

"Non so come farti rientrare a casa, ma se starai fuori per un po' di tempo qui c'è tutto quello che ci serve.

I **vicini** sono buoni, ci portano da mangiare e da bere tutti i giorni, possiamo dormire sui **cofani** caldi delle auto appena parcheggiate e quando piove abbiamo molti rifugi dove trovare riparo.

Senza contare che il **quartiere** è davvero fantastico".

Fu così che Nerone scoprì che essere un gatto **randagio** non era poi tanto brutto come lo aveva immaginato, soprattutto nel centro di Roma.

Romeo, nonostante avesse solo tre zampe, era molto **agile**.

Portò Nerone fuori dal cortile, gli fece conoscere altri gatti del quartiere e lo portò a spasso tra le **rovine** del **Colosseo**, dei **Fori Imperiali** e del **Teatro Marcello**.

Nerone era **stupito**: quei posti erano pieni di gatti, c'erano tanti alberi sui quali farsi le **unghie**, e i turisti gli facevano mille foto riempiendolo di complimenti.

Nel giro di poche ore aveva imparato a **evitare** le automobili, i camion e gli autobus.

Quando vedeva un cane non si preoccupava nemmeno più: tutti erano legati a un guinzaglio ed erano totalmente inoffensivi.

Anzi, a dire la verità adesso i cani gli **facevano** un po' **pena**. Erano **costretti** a restare **legati** mentre lui era libero di andare dove voleva.

Nerone **assaporò** la libertà e ne restò **letteralmente inebriato**.

Restò fuori tutto il fine settimana, divertendosi come un matto e scoprendo tantissime cose nuove, ma il lunedì mattina **prese una decisione**.

Rimase davanti al portone del condominio fino alle otto, quando - puntuale come un orologio svizzero - il postino suonò un citofono ed entrò. Nerone ne approfittò per entrare insieme a lui.

Mentre il postino infilava buste e giornali nelle cassette della posta, Nerone salì le scale.

Ormai non temeva più il mocio e se lo avesse incontrato lo avrebbe semplicemente ignorato.

Ma il pianerottolo era vuoto.

Nerone **grattò** alla porta dell'interno 3 e in men che non si dica Anna la aprì.

Prese in braccio Nerone, lo strinse a sé e lo riempì di baci.

Il gatto nero si lasciò coccolare, **godendosi** il **tepore** di casa e la voce **amorevole** di Anna.

Ma di una cosa era certo: ora che aveva imparato la strada, sarebbe andato più spesso a vivere come un gatto randagio in piena libertà.

Riassunto della storia

Nerone è un gatto che ha sempre vissuto nel suo appartamento a Roma poiché la sua padrona, Anna, non gli ha mai permesso di uscirne fuori. Per fuggire dal mocio del ragazzo delle pulizie, un giorno si ritrova in mezzo alla strada e ai suoi pericoli. Conosce Romeo, un gatto randagio con solo tre zampe, che gli fa assaporare la vita da gatto randagio. Nerone sceglie alla fine di continuare con la sua vita da gatto d'appartamento, ma ogni tanto vuole comunque uscire ad assaporare la libertà che solo i gatti randagi hanno.

Summary of the story

We are in Rome. Nerone is a cat that has always lived in his flat because his owner, Anna, has never allowed him to go out of it. One day, while trying to escape the cleaner's mop, Nerone ends up on the street and its dangers. He meets Romeo, a stray cat with only three paws, that shows him how stray cats live. At the end, Nerone chooses to live his old life in his apartment. However, he will go out sometimes, to live in complete liberty just like stray cats.

Vocabulary

Pacchia: Gravy train
Gatto da appartamento: House cat
Gatto persiano: Persian cat
Morbido: Soft
Zampa: Paw
Porta: Door
Sovrappensiero: Lost in thought
Avventurarsi: To venture
Pianerottolo: Landing
Zerbino: Mat
Gradino: Step
Cattivo: Bad
Pericoloso: Dangerous
A forza: By force
Fastidioso: Annoying
Veterinario: Veterinarian
Decidere: To decide
Assaggiare: To try
Peccato: Pity
Freddo: Cold
Balcone: Terrace
Acciambellato: Curled up
Ghianda: Acorn
Nuvola: Cloud
Elettrodomestico: Household appliance
Enorme: Huge
Rumoroso: Noisy

Passeggiare: To have a walk
Andare in giro: To walk around
Tranquillamente: Safely
Timore: Fear
Tutto sommato: All in all
Schiacciare un pisolino: To have a rest
Dose: Dosage
Coccole: Cuddle
Fatidico: Fateful
Sferzare: To beat
Chioma: Foliage
Sbattere: To slam
Serranda: Shutter
Stanza degli ospiti: Guests' room
Ingresso: Hall
Scherzoso: Jokingly
Vertere: To relate
Caos: Chaos
Stipare: To cram
Stendere i panni: Hang out the washing
Confusione: Mess
Pila: Pile
Profumare: To smell good
Ammorbidente: Laundry detergent
Sconosciuto: Unknown

Fruscio: Rustle
Sgocciolio: Dripping
Sbadigliare: To yawn
Misterioso: Mysterious
Tentazione: Temptation
Inserviente: Janitor
Curioso: Interesting
Laccetto: Little string
Battiscopa: Baseboard
Artefice: Author
Flaccido: Flaccid
Gattaccio: Bad cat
Mocio: Mop
Atrio: Hall
Percorribile: Viable
Affrontare: To face
Proteggere: To protect
In balìa: At the mercy
Clacson: Horn
Saltare: To jump
Aiuola: Flowerbed
Acquattarsi: To crouch
Cespuglio: Bush
Spuntino: Snack
Rifocillarsi: To take refreshment
Frangente: Moment
Scappare: To run away
Unghiata: Nail scratch
Educatamente: Politely
Diplomatico: Diplomatic

Smorfia: Grimace
Coccodè: Italian word to describe the chicken's call
Sordo: Deaf
Litigare: To argue
Disavventura: Misadventure
Vicino: Neighbour
Cofano: Bonnet
Quartiere: Neighborhood
Randagio: Stray
Agile: Agile
Rovina: Ruin
Colosseo: Colosseum
Fori Imperiali: Imperial Fora
Teatro di Marcello: Theatre of Marcellus
Stupito: Astonished
Unghia: Nail
Evitare: To avoid
Fare pena: To feel sorry
Costretto: Obliged
Legato: Tied
Assaporare: To taste
Letteralmente: Literally
Inebriato: Inebriated
Prendere una decisione: To make up your mind
Grattare: To scratch
Godersi: To enjoy
Tepore: Warmth
Amorevole: Lovely

Questions about the story

1. Come si chiama la padrona di Nerone?

    a) Giulia
    b) Anna
    c) Manuela

2. Perché Nerone si ritrova per strada?

    a) Perché la sua padrona l'ha cacciato
    b) Perché era stufo di vivere dentro casa
    c) Perché stava scappando dal ragazzo delle pulizie

3. Di che colore è Romeo?

    a) Bianco
    b) Nero
    c) Arancione

4. Che luoghi visita Nerone insieme a Romeo?

    a) Il Colosseo, i Fori Imperiali e il Teatro di Marcello
    b) Il Colosseo, il Pantheon e i Fori Imperiali
    c) I Fori Imperiali, la Colonna Traiana e Piazza di Spagna

5. Che cosa fa Anna quando Nerone torna a casa?

    a) Lo caccia
    b) Lo accoglie
    c) Non risponde

Answers

1. B
2. C
3. A
4. A
5. B

CAPITOLO 5:
CAPODANNO NELLA NEVE

Lucia e Davide quella mattina erano andati al lavoro con lo **zaino** pronto.

Era infatti il 30 dicembre e il loro **piano** era di andare direttamente alla **baita** di montagna appena usciti dall'ufficio.

Da Milano ci avrebbero **messo meno di** un paio di ore in auto.

Già alle 16:30 Lucia **fremeva** per uscire dall'ufficio.

"L'ultimo giorno di lavoro dell'anno! Ma quanto manca **ancora** alle cinque? Se penso che tra poche ore saremo davanti al **camino acceso**... **non vedo l'ora**!".

Anche Davide era **impaziente**, ma non al livello di Lucia. Al lavoro era **distratto**, si alzava in continuazione dalla scrivania, **fissava** l'orologio... Un collega,

Francesco, alla fine gli chiese:

"Si può sapere cosa ti prende oggi?".

"Io e Lucia partiremo per la montagna dopo il lavoro".

"Come mai tanto **nervosismo**? Non è che **Capodanno**, in fondo".

"È un Capodanno **diverso dal solito** - rispose Davide - abbiamo invitato alcuni amici nella baita della famiglia di Lucia.

Si trova in Valtellina. Lucia ha lavorato tutta la settimana per l'organizzazione della serata, **ci tiene** molto. Ci saranno persone che non vediamo da anni".

"Beati voi - commentò Francesco con **aria invidiosa** - io invece passerò il Capodanno a casa dei miei suoceri. Mi raccomando, occhio alla neve".

"Neve?" domandò Davide.

"Ho sentito al telegiornale che c'è un'allerta meteo prevista per oggi. Sono in arrivo **perturbazioni** fredde dal nord Europa".

"Figurati! Quelli delle previsioni del tempo non ne **azzeccano** mai una".

Alle 16:58 Davide era già fuori dall'ufficio. Prese l'auto, passò **velocemente** da casa a prendere dal frigorifero decine di **teglie** e piatti pieni di cibo preparato da Lucia, e andò a prendere la fidanzata al lavoro.

Lucia lo aspettava fuori dall'azienda, **infagottata** nel cappotto di lana e quasi irriconoscibile sotto **innumerevoli** strati di sciarpa che le coprivano il volto fino agli occhi.

Saltò in macchina e **buttò** lo zaino sul **sedile posteriore**, poi lanciò le braccia al collo di Davide e, felice come una bambina, gridò:

"Che bello, si parte! Hai preso tutto a casa?".

"Sì, certo".

"Anche le **lasagne al pesto**? Forse non le hai viste, erano in un contenitore diverso dagli altri".

"Ho preso anche le lasagne al pesto, non ti preoccupare".

"E lo **spumante**? Era fuori sul balcone".

"Ho preso lo spumante - rispose Davide **con pazienza** - e anche i **calici** di cristallo per il **brindisi** perché...".

"...perché nella baita non ce ne sono, bravo, hai fatto bene. Oh, e i tovaglioli rossi? Non avrai mica dimenticato...".

"Tesoro - la interruppe dolcemente Davide - calmati. Ho preso tutto. Quella di domani sarà una serata magnifica e andrà tutto alla perfezione. Ora rilassati e goditi il viaggio.

Tra meno di un paio di ore saremo a destinazione".

Lucia si lasciò **convincere**, fece un lungo **sospiro** e un **sorriso**, accese la musica dell'**autoradio** e reclinò un poco il sedile.

Alle 19:30 erano già davanti alla baita.

"Allerta meteo, allerta meteo... bah - disse Davide - il cielo è **limpido**, e anche la **temperatura** non è poi così bassa. Non capisco perché quelli delle previsioni devono sempre **seminare** inutilmente il **panico**".

"Non c'era nemmeno **traffico** per strada, è stato davvero un bel viaggio. Sai, mi aspettavo **code** al **casello**, ingorghi in **tangenziale**... e invece niente.

L'**autostrada** era quasi deserta. Non lo trovi strano?".

"Lo trovo comodo! Dai, aiutami a **scaricare** l'auto".

"Agli ordini capitano!" disse ad alta voce Lucia mimando il saluto militare e scoppiando a ridere.

Aprirono la porta di casa e la baita si **rivelò** in tutta la sua **semplicità**, proprio come Lucia la ricordava da bambina.

Il pianterreno era formato da un piccolo ingresso che su un lato portava alla cucina e sull'altro al salotto.

La cucina era decorata con antichi **recipienti** in **rame** appesi alle pareti. Tutti i mobili erano in muratura, un po' vecchi ma ben conservati, e un grande tavolo in **legno massiccio** da dodici posti a sedere si ergeva imponente in mezzo alla stanza.

In salotto c'erano un divano angolare in pelle scura, poltrone e tappeti morbidi. Alle pareti c'erano fotografie in bianco e nero

risalenti all'inizio del Novecento: **raffiguravano** il **paesino di montagna** in cui si trovavano e tutta la **valle circostante**.

Delle semplici scale in legno, **scricchiolanti** ma solide, portavano al piano di sopra, dove c'erano le camere da letto e un bagno con una grande vasca antica.

"Adoro questa casa! Accendo subito il camino e la stufa".

Lucia prese dei **ramoscelli** sottili scegliendoli accuratamente dalla catasta di legno che era stata preparata l'anno prima nel capanno accanto alla baita. Posizionò sopra i ramoscelli due ceppi di legno più grossi.

Poi accese un **fiammifero**, mise la fiamma alla base di tutto e lasciò che il fuoco si propagasse per bene.

"Però...! - disse Davide dopo averla osservata in silenzio - Ci sai fare. Complimenti!".

"Se non sei capace di accendere un fuoco non **sopravvivi** una notte in questa casa. Ora il calore **sprigionato** dalla **stufa** riscalderà anche le camere al piano di sopra.

Intanto accendo il camino così avremo un bel calduccio anche in salotto"

Davide accese l'**interruttore generale** della corrente elettrica e iniziò a mettere le teglie e i piatti in frigorifero.

Trovò una vecchia radio, girò la **manopola** di accensione ma il segnale era molto **disturbato**.

Provò a cercare una stazione ma dall'apparecchio usciva sempre un rumore **fastidioso** e **gracchiante**.

"La radio non funziona" disse a Lucia.

"Sì, capita spesso. Sarà di nuovo caduta l'**antenna** del paese".

"C'è una televisione?".

"No, niente radio, niente televisione e niente telefono".

Davide assunse un'**aria preoccupata**.

"Niente telefono? Beh, almeno il cellulare funzionerà, no? Se succede qualcosa come chiamiamo i **soccorsi**?".

"Non essere **fatalista** - tagliò corto Lucia - per usare il cellulare **basta** uscire di casa. Le pareti **spesse** non lasciano entrare il segnale, ma fuori di qui non dovremmo avere problemi.

E poi, cosa vuoi che succeda? Da queste parti non succede mai niente. È il posto perfetto per rilassarsi e **staccare la spina**".

La mattina dopo, Davide aprì gli occhi e guardò l'ora: le undici e trenta!

Aveva dormito tantissimo, anche a causa della **totale assenza** di **suoni** dentro e fuori casa. Abituato al rumore **incessante** del traffico di Milano, appena si era ritrovato nel silenzio si era trovato un po' a **disagio**.

Ma poi era crollato a letto e si era fatto un buon sonno **ristoratore**.

In quel momento si svegliò anche Lucia.

"Buongiorno! Hai dormito bene?".

"Come un **ghiro** - rispose Lucia - ti va un caffè?".

"Sì - rispose Davide - che ne dici di scendere a fare colazione?".

"L'ultima colazione dell'anno!" disse Lucia stiracchiandosi. Poi si mise a sedere e guardò fuori dai vetri della finestra.

"Guarda Davide! Deve avere nevicato molto questa notte. I rami degli alberi sono **carichi** di neve. Sarà meglio che vada nel capanno per prendere la **pala** e **spazzare** il **vialetto** di entrata".

I due scesero insieme le scale. Nell'aria c'era ancora più silenzio del giorno prima. Era un silenzio strano, **irreale**, che faceva risuonare ogni singolo scricchiolio della vecchia scala.

"Copriti bene, mi raccomando" disse Davide alla fidanzata che si accingeva ad uscire.

Lucia si mise il cappotto e le scarpe e aprì la porta dell'ingresso.

Per un attimo sia Davide che Lucia **strizzarono gli occhi, abbagliati** da una forte luce bianca che **proveniva** dalla porta aperta.

Poi aprirono entrambi la bocca dallo **stupore** e rimasero senza parole, immobili, davanti allo spettacolo che si offriva alla loro vista: l'intero ingresso era completamente bloccato da un **muro** di neve alto due metri.

"Ehm... forse **avevano ragione** quelli delle previsioni del tempo, in fondo..."

"Già. Adesso capisco perché ieri nessuno si è messo in viaggio. **Temevano** per l'allerta meteo".

Erano bloccati in casa.

"Cosa facciamo adesso?" chiese Davide.

"Ho un'idea".

Lucia prese il telefono cellulare ed entrò nella stanza da bagno del piano superiore.

Spalancò la finestra, **allungò** il cellulare fuori e lo guardò:

"Due tacche! Lo sapevo. Sai, qui c'è sempre un po' di segnale".

Chiamò il numero delle emergenze e disse che si trovavano bloccati in casa.

"Signora - disse l'**addetto al centralino** - **purtroppo** dovrà aspettare fino a domani mattina.

I soccorsi oggi saranno impegnati con le **zone** più **abitate**. Il luogo in cui vi trovate è un po' **isolato**, per cui sarà un po' più difficile raggiungerlo. Avete **viveri** a sufficienza?".

Lucia pensò al frigo pieno di lasagne, **insalata russa** e pasta al forno e si sentì **rassicurata**.

"Sì, non si preoccupi, di sicuro non moriremo di fame. Grazie per le informazioni e buon lavoro".

Riattaccò. Poi pensò agli amici in viaggio.

In quel momento, sul cellulare di Lucia arrivarono diversi messaggi che fino a quel momento non erano **giunti a destinazione** a causa della mancanza di segnale.

Erano tutti da parte degli invitati al **cenone**, e ognuno di loro diceva più o meno la stessa cosa: a causa del **maltempo** le strade principali erano bloccate.

Le autostrade erano state chiuse e nessuno di loro avrebbe potuto raggiungere la baita. Si **scusavano** e auguravano buon anno.

Lucia per qualche minuto restò molto **afflitta**.

Aveva lavorato tanto per quell'occasione e non vedeva l'ora di poter passare una notte così speciale in compagnia degli amici più cari.

Davide la abbracciò e cercò di **consolarla**.

"Dai, tesoro, non **buttarti giù**. Non ti va di passare un **romantico** capodanno insieme alla persona che più ami al mondo?".

Lucia sorrise.

"Ma certo, **sciocco**. Anzi, sai che ti dico? Credo proprio che sarà una giornata meravigliosa".

I due passarono l'intera giornata a leggere i vecchi libri **conservati** nella libreria della baita, a giocare con i **giochi di società** che Davide aveva trovato in un armadio, a mangiare tutte le cose deliziose preparate da Lucia e a chiacchierare davanti al camino acceso.

Erano mesi che non passavano tante ore insieme senza **preoccupazioni**, **impegni** o cose da fare.

Aspettarono la fine dell'anno **a lume di candela**. Allo scoccare della mezzanotte si abbracciarono e Lucia sussurrò nell'orecchio di Davide:

"Buon anno! È il più bel Capodanno che abbia mai passato. Grazie!"

Riassunto della storia

È il 30 dicembre e Lucia e Davide passeranno il Capodanno con altre persone in una baita in montagna. Dopo essere usciti da lavoro, la coppia si mette in viaggio. Tuttavia, le previsioni meteo annunciavano pesanti nevicate. Arrivati nella baita, Lucia e Davide accendono il camino e poi vanno a letto. La mattina seguente trovano più di due metri di neve, e si ritrovano bloccati in casa. Nessuno degli invitati può raggiungere la baita, quindi i due ragazzi passeranno un romantico Capodanno, come non facevano da molto tempo.

Summary of the story

It is 30th December, and Lucia and Davide leave to spend the New Year's Eve in a mountain chalet with other people. After work, they hit the road. Nonetheless, the weather forecast has announced a lot of snow. After they arrive in the chalet, they light the fireplace and then go to bed. The following morning, there are more than two metres of snow outside, so none of the guests can reach the chalet. So, Lucia and Davide are going to spend a romantic New Year's Eve, just like they have not done for a long time.

Vocabulary

Zaino: Bag
Piano: Plan
Metterci: To take
Meno di: Less than
Fremere: To tingle
Ancora: Still
Camino: Fireplace
Acceso: Lit
Impaziente: Impatient
Distratto: Distracted
Fissare: To stare at
Nervosismo: Nervousness
Capodanno: New Year's Eve
Diverso dal solito: Different than usual
Tenerci: To care
Aria invidiosa: Envious air
Perturbazione: Perturbation
Azzeccare: To guess
Velocemente: Quickly
Teglia: Pan
Infagottato: Muffled up
Innumerevole: Countless
Buttare: To throw
Sedile posteriore: Backseat
Lasagna al pesto: Lasagna with pesto sauce
Spumante: Italian sparkling wine
Con pazienza: Patiently

Calice: Chalice
Brindisi: Toast
Convincere: To convince
Sospiro: Sigh
Sorriso: Smile
Autoradio: Radio
Limpido: Limpid
Temperatura: Temperature
Seminare il panico: To create panic
Traffico: Traffic
Casello: Toll road
Tangenziale: Beltway
Autostrada: Highway
Scaricare: To unload
Rivelare: To show
Semplicità: Simplicity
Recipiente: Bowl
Rame: Copper
Legno massiccio: Hardwood
Ergersi: To stand
Imponente: Imposing
Risalente: Dating back to
Raffigurare: To portray
Paesino di montagna: Mountain village
Valle: Valley
Circostante: Surrounding
Scricchiolante: Creaky
Ramoscello: Branch

Fiammifero: Match
Sopravvivere: To survive
Sprigionare: To unleash
Stufa: Heater
Interruttore generale: Master switch
Manopola: Knob
Disturbato: Disturbed
Fastidioso: Noisy
Gracchiante: Croaky
Antenna: Satellite
Aria preoccupata: Worried look
Fatalista: Fatalistic
Bastare: To be sufficient
Spesso: Often
Staccare la spina: To get away from everything
Totale: Total
Assenza: Absence
Suono: Sound
Incessante: Incessant
Disagio: Discomfort
Ristoratore: Refreshing
Ghiro: Dormouse
Carico: Full
Pala: Shovel
Spazzare: To sweep
Vialetto: Walkway
Irreale: Unreal
Strizzare gli occhi: To squint
Abbagliato: Blinded

Provenire: To come from
Stupore: Astonishment
Muro: Wall
Avere ragione: To be right
Temere: To fear
Allungare: To extend
Addetto al centralino: Phone Operator
Purtroppo: Unfortunately
Zona abitata: Inhabited area
Isolato: Secluded
Viveri: Food and water
Insalata russa: Coleslaw
Rassicurato: Comforted
Riattaccare: To hang up
Giungere a destinazione: To arrive at a destination
Cenone: Dinner
Maltempo: Bad weather
Scusarsi: To apologize
Afflitto: Afflicted
Consolare: To comfort
Buttarsi giù: To put yourself down
Romantico: Romantic
Sciocco: Fool
Gioco di società: Parlour game
Preoccupazione: Anxiety
Impegno: Commitment
A lume di candela: In the candlelight

Questions about the story

1. Quando partono Lucia e Davide?
   a) Dopo cena
   b) Dopo aver fatto la spesa
   c) Dopo l'orario di lavoro

2. Cosa dicono le previsioni meteo?
   a) Che ci sarà bel tempo
   b) Che nevicherà molto
   c) Che pioverà molto

3. Cosa ha dimenticato di prendere Davide prima di partire?
   a) Le lasagne
   b) L'insalata
   c) Nulla

4. In quale di queste stanze della baita prende il cellulare?
   a) Salone
   b) Camera da letto
   c) Nessuna delle due

5. Come passano la giornata Lucia e Davide?
   a) Chiedendo aiuto
   b) Giocando a giochi di società, leggendo e chiacchierando
   c) Litigando perché hanno deciso comunque di partire

Answers

1. C
2. B
3. C
4. C
5. B

CAPITOLO 6:
UN PIZZAIOLO DI NOME MARTA

Marta De Rosa, alla **tenera età** di sei anni, aveva già le idee molto **chiare** sul proprio futuro.

Un giorno, durante l'ora di disegno, la maestra aveva chiesto alla classe di **rappresentare** il **mestiere** che avrebbero svolto da grandi.

Molte bambine disegnarono una **ballerina** con **scarpette** e **tutù** rosa, mentre la maggior parte dei bambini disegnò un **calciatore** in maglietta e pantaloncini.

Ma quando Marta consegnò il proprio compito la maestra fece uno sguardo **accigliato** e le disse:

"Marta, dovresti disegnare un mestiere vero, non **inventato**".

"Il mestiere di **pizzaiolo** non è inventato, signora maestra. Esiste! Il mio papà è Michele De Rosa, il più grande pizzaiolo di Napoli".

"Lo so, conosco bene il tuo papà e anche le **deliziose** pizze che prepara. Ma il pizzaiolo è un lavoro da maschi".

"Come sarebbe a dire che è da maschi? Alle femmine è **vietato**?" chiese la piccola Marta con uno sguardo **dubbioso**.

"No, non è vietato, è solo che... non so bene come **spiegartelo**... ecco, diciamo che non si usa".

Marta non era sicura di aver capito del tutto la questione.

Mille quesiti le affioravano in testa uno dopo l'altro.

Poteva o non poteva diventare un grande pizzaiolo come suo padre?

Uno dei suoi compagni di classe, Roberto Esposito, aveva disegnato un **astronauta**: perché lui poteva diventare astronauta e lei non poteva essere pizzaiolo?

E poi, soprattutto, cosa significa che "*non si usa*"?

"Mettiamola così - disse infine la maestra - conosci delle donne che di mestiere fanno il pizzaiolo?".

Marta ci pensò su attentamente e rispose:

"No, mi pare di no".

"Ecco, è esattamente quello che volevo farti capire: il pizzaiolo non è un mestiere da donna".

Alla fine, quel giorno, Marta se ne tornò a casa con il cuore pieno di sentimenti **contrastanti**.

Raccontò a sua madre quello che era **accaduto** durante la lezione di disegno, e aggiunse:

"Non capisco, mamma. Tu prepari sempre la pizza ed è buonissima".

"Sì tesoro, ma non lo faccio per lavoro. La preparo a casa, per la nostra famiglia"

"E che differenza c'è?".

"Beh, la differenza è che... vediamo... non saprei, però non posso farlo per lavoro".

Marta iniziava a pensare che gli adulti non sempre avevano una risposta a tutto, e su certi **argomenti** in particolare sembravano avere le idee abbastanza **confuse**.

"Ci rinuncio" disse Marta, e se ne andò in camera sua a riflettere.

Quello che non disse quel giorno fu che non **rinunciava** affatto a diventare pizzaiolo. Rinunciava semplicemente a discutere con i grandi.

Non parlò più con nessuno del suo sogno, ma **segretamente** continuò a **coltivarlo**.

Dieci anni dopo, Marta era iscritta all'**istituto alberghiero** di Napoli.

"Per lavorare come **cameriera** negli alberghi di lusso", era la **scusa** ufficiale.

In realtà, le mire di Marta erano ben altre.

Un'estate, finite le lezioni a scuola, cercò un **lavoretto** per iniziare a mettere dei soldi **da parte**.

I suoi genitori erano d'accordo, **purché** questo impegno non le rubasse troppo tempo allo studio.

Marta sapeva che era il momento giusto per dare una **svolta** importante al suo piano.

Si comprò un **cappellino** con la **visiera** e lo usò per **raccogliere** i lunghi capelli biondi, che nascose così alla vista altrui.

Trovò anche una maglia **abbondante** e dei vecchi jeans un po' **larghi** che suo fratello Carlo non usava più.

Quel giorno non si truccò e si tolse lo **smalto** rosso dalle **unghie**, che **limò** accuratamente e lasciò corte.

Si guardò allo specchio e si chiese se poteva passare per un ragazzo. Non ne era sicura, ma **valeva la pena** tentare.

Prese il **motorino** e andò in centro città.

Si recò direttamente alla pizzeria Marechiaro, dove un paio di giorni prima, passando per caso, aveva visto un cartello appeso fuori dalla porta del locale che diceva "*Cercasi **apprendista** pizzaiolo*".

Marta parcheggiò il motorino, **tolse** il **casco** e **controllò** che tutti i capelli fossero ben nascosti sotto al berretto.

Poi fece un lungo sospiro ed entrò.

L'ingresso era al buio perché a quell'ora del pomeriggio la pizzeria era ancora **chiusa al pubblico**.

Marta vide una porta **illuminata** in fondo al **locale**, dietro al **bancone**. Sbirciò dentro e vide un **omaccione** con il **grembiule** bianco che impastava della pasta per la pizza con le sue mani da gigante.

Nell'aria si **intravedevano** nuvolette di farina bianca **volteggiare** in **controluce**, mentre una radiolina **in sottofondo** trasmetteva una canzone di Pino Daniele.

Marta non sapeva se **spezzare** quella magica atmosfera o restare a guardare ancora un po', quando all'improvviso l'omaccione si voltò, la vide e chiese:

"E tu chi sei, ragazzino?".

Marta non poté **evitare** di sorridere quando **udì** la parola "ragazzino".

"Ha funzionato!" pensò soddisfatta.

"Buongiorno, cioè no, buon pomeriggio - disse poi **timidamente** - mi chiamo Mart-Martino!".

"Sei **balbuziente**, ragazzo?".

"No signore. Mi scusi se mi sono permesso di entrare, ho visto il cartello fuori e mi chiedevo se...".

"Ah, sei qui per il lavoro - la **interruppe** l'uomo - bene, avevo giusto bisogno di una mano. Mettiti quel grembiule, dovrebbe essere della tua **taglia**. Sei proprio **mingherlino**, ti danno da mangiare a casa?".

Fu così che Marta iniziò il suo periodo di **apprendistato** come pizzaiolo alla Pizzeria Marechiaro.

A casa, ovviamente, non disse l'intera verità.

Raccontò che aveva trovato lavoro in un locale del centro come cameriera.

I suoi erano **contenti** e non le chiesero mai molto di più, anche perché in estate erano molto impegnati con la pizzeria di famiglia, "*Da Michele*", secondo molte **opinioni** la migliore di Napoli.

Marta, intanto, **imparava in fretta**: la scelta degli **ingredienti** migliori, la preparazione dell'**impasto**, la **lievitazione**, la **stesura**, la cottura perfetta per ogni tipo di pizza...

Il pizzaiolo del Marechiaro, Vincenzo Vitiello (detto Enzino **nonostante** la **corporatura** da pugile) era un uomo dai **modi** a volte un po' **rudi**, ma molto **paziente** con tutti.

Era sempre di **buonumore**, amava il suo lavoro e per Marta fu un insegnante prezioso.

Lei, **dal canto** suo, non poteva essere più felice di così.

Passarono due anni.

Marta si **diplomò** all'istituto alberghiero e ormai era diventata **pizzaiolo aggiunto** alla Pizzeria Marechiaro.

Nessuno, in tutto quel tempo, aveva mai **scoperto** il suo segreto.

Lei era stata molto attenta a non farsi **beccare**, ma sapeva di non potere **andare avanti** così per sempre.

Un martedì di giugno, **giorno di chiusura** del Marechiaro, Marta era sul **lungomare** di Napoli.

Per abitudine aveva ancora addosso il cappello che le teneva i capelli nascosti, ma faceva molto caldo e in più aveva voglia di **prendere il sole**.

Scese al **lido**, si tolse il berretto e la maglietta e restò in bikini.

Nemmeno un secondo dopo sentì dietro di lei la voce di Enzino che diceva:

"Martino...?".

A Marta quasi si fermò il cuore. Si voltò e vide il pizzaiolo che la guardava con gli occhi **sbarrati**.

"Ti ho visto sul lungomare, ti ho chiamato ma non mi hai sentito, così ti ho **seguito** per **salutarti** e ...".

"E ha scoperto che le ho **mentito** per due anni" tagliò corto Marta.

Era inutile, a quel punto, **girare intorno** alle cose. Marta decise di **approfittare** dell'occasione per **mettere** finalmente **le carte in tavola**.

Ormai era un'adulta ed era arrivato il momento di **assumersi** le proprie **responsabilità**.

"Signor Vitiello, sono **mortificata**. Le ho detto una bugia, una **menzogna** enorme. Non potevo fare altrimenti.

Il mio sogno è diventare un grande pizzaiolo ma sono una ragazza e non posso"

"Non puoi? E chi l'ha detto?".

"Beh, le donne non possono fare questo mestiere - rispose Marta, improvvisamente poco convinta della frase che aveva appena pronunciato - conosce forse delle donne che di mestiere fanno il pizzaiolo?".

"Sì - rispose Enzino - tu".

Marta restò di sasso all'udire quella risposta. Ma il signor Vitiello aveva ragione, in fondo.

"Marta - disse Vitiello sedendosi accanto a lei - quello che hai fatto non è bello. Non bisognerebbe mai mentire. Ma capisco anche le tue ragioni, quindi ti perdono.

E poi, lasciatelo dire, sei la migliore pizzaiola che abbia mai conosciuto"

Pizzaiola! Era la prima volta che Marta sentiva quella parola al femminile.

Le si riempirono gli occhi di **lacrime** e finalmente dopo tanti anni **si sfogò**.

Sentiva di essersi **appena** tolta un grosso **peso dal cuore**.

Vitiello la abbracciò con le sue braccia da gigante e cercò di consolarla.

"Su, ragazzina, non essere triste".

"Non sono triste signor Vitiello, piango di gioia" rispose Marta **singhiozzando**.

Dopo un **pianto liberatore**, a Marta venne in mente un'altra cosa:

"Devo dirlo ai miei genitori e non so come fare né da che parte iniziare".

"Io un'idea ce l'avrei" disse Vitiello.

Il giorno dopo, Marta si presentò nella cucina di suo padre con un **contratto di lavoro** come pizzaiola a **tempo indeterminato** presso la pizzeria Marechiaro.

Lo porse a suo padre temendo il peggio, ma il signor Michele, dopo averlo letto, sorrise, abbracciò la figlia e disse:

"Tutta il suo papà! Sono **orgoglioso** di te, tesoro mio".

Oggi la signora Marta De Rosa **gestisce** la pizzeria di famiglia **ereditata** dal padre ed è, **a detta di** molti, la migliore pizzaiola di tutta Napoli.

Riassunto della storia

Marta sogna fin da piccola di diventare pizzaiola, ma le hanno sempre detto che era un lavoro solo per maschi. Dopo dieci anni, vede un annuncio della pizzeria Marechiaro in cui si cercava un apprendista pizzaiolo, e decide quindi di fingersi un ragazzo per imparare. Dopo due anni, quel mestiere non ha più segreti per lei, ma il proprietario della pizzeria, Enzino, scopre che Marta è in realtà una ragazza. Lei confessa, spiegando i suoi motivi. Siccome avrebbe dovuto dire tutto anche ai suoi genitori, Enzino decide di assumerla nella sua pizzeria per dare una buona ragione.

Summary of the story

Since she was only a child, Marta has wanted to be a pizza chef, but everyone has always told her that was a job for men only. After ten years, Marta sees an announcement in which the pizzeria Marechiaro was looking for a pizza chef learner, so she decides to pretend to be a boy to learn the art of pizza. After two years, that job has no secrets for her, but the owner of the pizzeria Enzino finds out she is a girl. She confesses everything and explains why she did all that. Since she would have to tell everything to her parents too, Enzino decides to hire her in his pizzeria to give them a good reason.

Vocabulary

Tenera età: Tender age
Chiaro: Clear
Rappresentare: To represent
Mestiere: Job
Ballerina: Dancer
Scarpetta: Slipper
Tutù: Tutu
Calciatore: Footballer
Accigliato: Frowning
Inventato: Invented
Pizzaiolo: Pizza chef
Delizioso: Delicious
Vietato: Forbidden
Dubbioso: Doubtful
Spiegare: To explain
Astronauta: Astronaut
Contrastante: Contrasting
Accadere: To occur
Argomento: Topic
Confuso: Perplexed
Rinunciare: To give up
Segretamente: Secretly
Coltivare: To cultivate
Istituto alberghiero: Hotel institute
Cameriera: Waitress
Scusa: Excuse
Lavoretto: Job
Da parte: To save
Purché: Provided that

Svolta: Breakthrough
Cappellino: Bonnet
Visiera: Visor
Raccogliere: To collect
Abbondante: Abundant
Largo: Wide
Smalto: Nail polish
Unghia: Nail
Limare: To file off
Valere la pena: To be worth
Motorino: Motorbike
Apprendista: Apprentice
Togliere: To take off
Casco: Helmet
Controllare: To check
Chiuso al pubblico: Closed to the public
Illuminato: Enlightened
Locale: Diner
Bancone: Counter
Omaccione: Big man
Grembiule: Apron
Intravedere: To glimpse
Volteggiare: To circle
Controluce: Backlight
In sottofondo: In the background
Spezzare: To break
Evitare: To avoid
Udire: To hear

Timidamente: Shyly
Balbuziente: Stutterer
Interrompere: To interrupt
Taglia: Size
Mingherlino: Scrawny
Apprendistato: Apprenticeship
Contento: Happy
Opinione: Opinion
Imparare in fretta: To learn quickly
Ingrediente: Ingredient
Impasto: Dough
Lievitazione: Leavening
Stesura: Preparation
Nonostante: Nonetheless
Corporatura: Body shape
Modo: Manner
Rude: Rough
Paziente: Patient
Buonumore: High spirits
Dal canto: For one's part
Diplomarsi: To graduate
Pizzaiolo aggiunto: Second pizza chef
Scoprire: To discover
Beccare: To catch
Andare avanti: To go on
Giorno di chiusura: Closing day
Lungomare: Promenade
Prendere il sole: To sunbathe

Lido: Shore
Sbarrato: Barred
Seguire: To follow
Salutare: To say hello
Mentire: To lie
Girare intorno: To dance around
Approfittare: To take advantage
Mettere le carte in tavola: To get it all out on the table
Assumersi la responsabilità: To take responsibility
Mortificato: Mortified
Menzogna: Lie
Lacrima: Tear
Sfogarsi: To let off steam
Appena: Just
Togliersi un peso dal cuore: To get it off your chest
Singhiozzare: To sob
Pianto liberatore: Cleansing cry
Contratto di lavoro: Work contract
Tempo Indeterminato: Unlimited period
Orgoglioso: Proud
Gestire: To administer
Ereditare: Inherit
A detta di: According to

Questions about the story

1. Chi dice per primo a Marta che non può essere un pizzaiolo?
   a) La sua maestra
   b) Sua madre
   c) Suo padre

2. Che scuola sceglie Marta?
   a) Liceo classico
   b) Istituto alberghiero
   c) Liceo di cucina

3. Come si chiama la pizzeria dove lavora Marta?
   a) Marescuro
   b) Mareblu
   c) Marechiaro

4. Enzino come scopre che Marta non è un ragazzo?
   a) Vede i suoi capelli lunghi
   b) Sente la sua voce da donna
   c) La vede in bikini in riva al mare

5. Cosa fa oggi Marta?
   a) Gestisce la pizzeria Da Michele
   b) È la proprietaria della pizzeria Marechiaro
   c) Fa la maestra

Answers

1. A
2. B
3. C
4. C
5. A

CAPITOLO 7:
CAMBIO DI PROSPETTIVA

Cristina e Federica sono **amiche di infanzia**.

Si sono conosciute a tre anni, il primo giorno di **asilo**.

Cristina stava in un **angolo, da sola,** e **succhiava** nervosamente la **manica** del suo **grembiulino** rosa mentre fissava gli altri bambini giocare.

All'improvviso Federica, con la **spontaneità** e la **spensieratezza** tipica dei bambini, è andata da lei e le ha detto:

"Ciao, come ti chiami?".

Cristina era rimasta per alcuni secondi in silenzio. Non sapeva bene come **affrontare** la situazione, era arrossita in volto e si era fatta travolgere dalla **timidezza**.

Ma poi si era ripresa, le era **venuta in mente** sua madre che diceva sempre "*È maleducazione non rispondere a una domanda*" e con una vocina **flebile** aveva detto:

"Cristina".

"Ciao Cristina, io mi chiamo Federica. Ho tre anni, ho un fratello grande, ho un cane che si chiama Ringo e mi piace tanto guardare i **cartoni animati** con le principesse. Le tue **trecce** sono bellissime.

Vuoi giocare con me?".

Cristina, dopo una **tale** presentazione, si **sentì in dovere** di **ricambiare** dando informazioni su sé stessa.

"Cia-ciao Federica - iniziò a dire, un po' balbettando - anche io ho tre anni.

Mi piace andare in bici in **cortile**. Non ho un fratello grande ma ho una nuova sorellina, piccola piccola, che **piange** sempre. Mia zia mi ha regalato un pesce rosso che ho chiamato Nemo. Mi piacerebbe tanto giocare con te".

Fu con questo strano dialogo che la loro amicizia ebbe inizio.

Da quel giorno non si sono più lasciate, anche se le loro vite, **poco alla volta**, hanno preso strade diverse.

Dopo l'asilo, Federica e Cristina hanno frequentato insieme la scuola fino ai 13 anni.

Alle scuole superiori sono andate in due istituti diversi le cui **sedi** non erano lontane tra loro.

Anche se non frequentavano più le stesse **lezioni**, le due amiche si vedevano la mattina (perché prendevano lo stesso autobus), qualche volta il pomeriggio, e molto spesso durante i fine settimana.

All'università si sono separate un po' di più: le loro **facoltà** sono lontane e, studio e impegni permettendo, si vedono solo qualche volta nel fine settimana.

Oggi sono ancora grandi amiche, anche se Federica inizia a pensare che la sua amica, su certi **argomenti**, la pensi in un modo che lei non condivide.

È giugno e le lezioni all'università **volgono al termine**.

Cristina, come tutte le estati, decide di dedicare parte del suo tempo al **volontariato**.

Sentirsi utile la fa stare bene e le piace pensare di poter donare parte delle sue capacità a **cause** importanti.

Ha iniziato all'età di 15 anni offrendosi come volontaria in un **canile**. Una volta a settimana andava a **far passeggiare** i cani ospitati nella struttura.

Le riusciva bene perché in casa, fin da quando Federica era piccola, c'era sempre stato almeno un cane.

Crescendo, aveva capito che il mondo era molto più complesso di quello che si era immaginata e che il suo tempo poteva essere donato a chi più ne aveva bisogno.

Si era così rivolta alla sede della **Croce Rossa** più vicina a casa sua e aveva iniziato a frequentare dei **corsi** per diventare volontaria.

Aveva cominciato dando una mano negli uffici, poi aiutando durante le campagne periodiche di informazione, e infine era diventata **psicologa** volontaria presso lo **sportello di ascolto** della Croce Rossa.

Federica infatti stava studiando alla Facoltà di Psicologia, e si era subito **resa conto** che poteva mettere le sue conoscenze **a disposizione** di chi soffriva e non sapeva a chi **rivolgersi**.

Lo sportello di ascolto funzionava in questo modo: due volte alla settimana, chiunque poteva presentarsi presso lo studio senza la necessità di prendere appuntamento e aveva la possibilità di parlare con lo psicologo o la psicologa **di turno**.

Federica copriva uno di questi due turni insieme ad un collega. Era un lavoro duro, soprattutto per una novellina come lei, ma le piaceva e sapeva che era qualcosa di utile sia per lei che per gli altri.

Quest'anno, Federica ha deciso di fare un passo in più: si è offerta volontaria come appoggio psicologico per gli **immigrati**. Si tratta di un compito un po' diverso e per certi versi più difficile, più impegnativo, ma Federica sente di essere pronta.

Ha iniziato così un **percorso** in cui ogni giorno ha affrontato le preoccupazioni, i problemi e i **malesseri** di chi è stato costretto a fuggire dal proprio paese per trovare rifugio in Italia.

È proprio di ritorno da una di queste sessioni che oggi vedrà la sua amica Cristina.

Cristina, come sempre, accoglie l'amica sulla porta di casa con un grande abbraccio. Poi prepara un tè freddo e si mettono a chiacchierare sotto il **portico**.

"Allora, cosa mi racconti di bello? Sai già come passerai l'estate?" chiede Cristina.

"Pensavo di andare con la Croce Rossa in Sicilia in un centro di accoglienza del sud Italia".

Cristina fa una smorfia disgustata e dice:

"Quelle non sono vacanze, amica mia. Quando ti deciderai a vivere la tua vita e a lasciare perdere queste **sciocchezze** da ragazzina? Capivo quando facevi la volontaria al canile, e forse anche un po' quando hai iniziato in Croce Rossa.

Ma adesso basta, hai tante cose a cui pensare".

Federica **ribatte** ferma:

"È questa la mia vita e non sono cose da ragazzina. Il volontariato è una cosa seria. A che altro dovrei pensare secondo te?".

"Beh, alle cose normali a cui pensano le ragazze della tua età, come **mettere su famiglia**, avere dei bambini, lavorare come psicologa in uno studio tutto tuo. Intendo con clienti paganti, non come fai adesso".

"Ma una cosa non esclude l'altra - controbatte Federica - il volontariato farà sempre parte della mia vita, anche quando avrò una famiglia e un lavoro".

"Tu sottovaluti la vita. Avere una famiglia e un lavoro è un grande impegno che non ti lascerà tempo per il volontariato. E poi, scusa se te lo chiedo, ma che ti importa di quegli immigrati?".

Federica si innervosisce un po' e alza il tono della voce.

"Quegli immigrati, come li chiami tu, sono prima di tutto persone che sono passate per sofferenze **atroci** e **indicibili**. Hanno bisogno di aiuto ed è nostro dovere essere **solidali** con loro".

"Beh, non avrebbero sofferto tanto se fossero rimasti a casa loro".

Federica si alza in piedi di scatto **rossa in volto**:

"Cristina! Mi meraviglio di te. Ultimamente ho avuto il sospetto che fossi un po' **intollerante**, ma non mi sarei mai immaginata di sentire una frase del genere uscire dalla tua bocca".

"Mi stai forse dando della **razzista**? Non sono razzista, ma credo che ognuno dovrebbe starsene a casa sua".

Federica a quel punto grida:

"E tu cosa faresti se casa tua fosse stata **bombardata** e tutto il tuo paese fosse in guerra da anni?".

Cristina si ferma e guarda l'amica **allibita**. Cala un silenzio **imbarazzante** e restano entrambe zitte per qualche secondo.

Non avevano mai **litigato**, tranne una volta. A sei anni si erano **tirate i capelli** a vicenda per decidere chi doveva giocare per prima con Ringo, il cane di Federica.

Avevano pianto molto e si erano promesse l'un l'altra di non litigare mai più.

In quel momento, Federica si rende conto di una cosa: la **conversazione** le è completamente **sfuggita di mano**. Si è **innervosita**, ha alzato la voce e questo non ha fatto che peggiorare la situazione.

Decide quindi di fare un **sospiro**, poi un altro, e infine dice con tono **pacato**:

"Amica mia, ti chiedo scusa se ho urlato, non avrei dovuto farlo. Ma credo che tu abbia bisogno di una **terapia d'urto**".

Cristina sorride e chiede:

"Mi stai forse trattando come uno dei tuoi pazienti?".

"No, ti tratto come un'amica. Ti passo a prendere domani alle due".

"Per andare dove?".

"A farti cambiare **prospettiva**".

Il giorno dopo Federica e Cristina arrivano in auto alla sede della Croce Rossa.

"Uffa, lo sapevo che mi avresti portata qui, è un posto **orribile**".

"Sono sicura che oggi cambierai idea".

Nell'ingresso ci sono famiglie con bambini in attesa, persone anziane e gente di ogni nazionalità.

"Cosa fa qui tutta questa gente?".

"Aspettano il loro turno. C'è chi ha bisogno di informazioni pratiche, chi vuole iscriversi al corso di italiano... quella famiglia per esempio è venuta anche ieri, so che sono qui per **vaccinare** i bambini.

Invece quel signore sta cercando di rintracciare i suoi figli che vivono in Germania per il **ricongiungimento familiare**, noi gli diamo una mano.

Il ragazzo con tutti quei documenti in mano sta per aprire un'attività e ha bisogno di aiuto con la **burocrazia** e le **pratiche amministrative**".

Cristina si sente un po' a disagio. Chiede:

"Cosa siamo venute a fare?".

"Voglio farti conoscere una persona. Ecco, lei è Aisha, una volontaria. Aisha, ti presento la mia amica Cristina, puoi farle fare un giro?".

"Volentieri! - dice Aisha con un sorriso **raggiante** - sei mai stata alla Croce Rossa?" chiede a Cristina mentre la **accompagna** verso un **corridoio** laterale.

"Ehm, no, non direi" risponde Cristina **imbarazzata** mentre si lascia trascinare via dalla volontaria e fulmina Federica con uno sguardo che sembra dire "Questa me la paghi!".

Federica resta nell'**ingresso**, saluta l'amica con la **mano** e le dice:

"Ci vediamo in **mensa** quando avete finito!".

Passano alcune ore. Sono quasi le otto di sera. Federica ha finito il suo turno allo **sportello di ascolto** e va verso la mensa.

Qui i tavoli sono già tutti **occupati** da **decine** e decine di persone che sono venute a **consumare** il pasto che la **Croce Rossa offre** a chi ne ha bisogno.

Federica si guarda **intorno cercando** l'amica, poi finalmente la **scorge** dove non pensava **affatto** di vederla: dietro il **bancone**, con un mestolo in mano, mentre **serve** un piatto di pasta a Italo, un **anziano senzatetto** che vive nel **quartiere** da anni.

Allibita, Federica **raggiunge** Cristina e le chiede:

"E tu, cosa ci fai qui? La **terapia** d'urto sta già dando i suoi frutti?".

Cristina la **abbraccia commossa** e le dice:

"Scusami se ho detto quelle cose **terribili**. Oggi ho **capito** una cosa: questa gente ha **bisogno** anche di me".

Riassunto della storia

Cristina e Federica si conoscono all'asilo, e rimangono amiche per molti anni. Intraprendono strade diverse, ma riescono sempre ad incontrarsi. Federica inizia a dedicarsi al volontariato presso la Croce Rossa e ad aiutare i migranti, ma Cristina non è d'accordo: pensa che, se fossero rimasti a casa loro, non avrebbero bisogno di aiuto. Le due amiche litigano per questo, e Federica decide di far cambiare idea a Cristina facendole passare un giorno a fare volontariato. Il giorno dopo, Cristina capisce che quella gente ha bisogno anche di lei.

Summary of the story

Cristina and Federica have known each other since they were in the kindergarten, and they keep being friends for many years. They both undertake different paths, but they always manage to meet each other. Federica starts volunteering in Red Cross to help migrants arriving in Italy, but Cristina does not agree with her: she thinks that if they had stayed home, they would need no help. Cristina and Federica argue for this, and Federica wants to change Cristina's mind by making her spend a day as a volunteer. The next day, Cristina realizes that people need her too.

Vocabulary

Amico di infanzia: Childhood friend
Asilo: Kindergarten
Angolo: Corner
Da sola: Alone
Succhiare: To suck
Manica: Sleeve
Grembiulino: Apron
Spontaneità: Spontaneity
Spensieratezza: Insouciance
Affrontare: To face
Timidezza: Shyness
Venire in mente: To think of
Flebile: Feeble
Cartoni animati: Cartoon
Treccia: Braid
Tale: That/This
Sentirsi in dovere: To feel obliged
Ricambiare: To return
Cortile: Courtyard
Piangere: To cry
Poco alla volta: Slowly
Sede: Seat
Lezione: Class
Facoltà: Faculty
Argomento: Topic
Volgere al termine: To draw to a close

Volontariato: Volunteering
Causa: Cause
Canile: Pound
Far passeggiare: To walk
Croce Rossa: Red Cross
Corso: Course
Psicologa: Psychologist
Sportello di ascolto: Advice service
Rendersi conto: To realize
A disposizione: Available to
Rivolgersi: To address
Di turno: On duty
Immigrato: Immigrant
Percorso: Path
Malessere: Malaise
Portico: Porch
Sciocchezza: Nonsense
Ribattere: To respond
Mettere su famiglia: To start a family
Atroce: Terrible
Indicibile: Unspeakable
Solidale: Supportive
Rosso in volto: Red in the face
Intollerante: Intolerant
Razzista: Racist
Bombardato: Bombed

Allibito: Shocked
Accompagnare: Go with
Corridoio: Hallway
Imbarazzante: Embarrassing
Litigare: To quarrel
Conversazione: Conversation
Sfuggire di mano: Get out of hand
Tirare i capelli: To pull the hair
Terapia d'urto: Shock therapy
Prospettiva: Perspective
Orribile: Horrible
Vaccinare: To vaccinate
Ricongiungimento famigliare: Family reunification
Burocrazia: Bureaucracy
Pratica amministrativa: Administrative practice
Raggiante: Radiant
Imbarazzato: Embarrassed
Mensa: Canteen
Ingresso: Entrance
Mano: Hand

Sportello di ascolto: Counseling
Occupato: Busy
Decina: Set of ten
Consumare: Consume
Offrire: Offer
Intorno: Around
Cercare: Look for
Scorgere: To see
Affatto: By all means
Bancone: Counter
Mestolo: Ladle
Servire: Serve
Anziano: Elderly
Senzatetto: Homeless
Quartiere: Neighborhood
Raggiungere: Reach
Terapia: Therapy
Abbracciare: Embrace
Commosso: Touched
Terribile: Terrible
Capire: Understand
Bisogno: Need

Questions about the story

1. Da quanto tempo si conoscono Federica e Cristina?
   a) Dall'asilo nido
   b) Dall'asilo
   c) Dalla scuola media

2. A che età inizia Federica a fare volontariato?
   a) 13 anni
   b) 25 anni
   c) 15 anni

3. Che cosa studia Federica all'Università?
   a) Psicologia
   b) Medicina
   c) Psichiatria

4. Per quale motivo Federica e Cristina avevano litigato da piccole?
   a) Perché dovevano decidere chi avrebbe giocato prima con Ringo
   b) Perché dovevano decidere chi avrebbe indossato per prima il vestito delle principesse
   c) Perché erano stanche della loro amicizia

5. Cosa decide Cristina alla fine della giornata di volontariato?
   a) Che quella gente non ha bisogno di lei
   b) Che quella gente ha bisogno di lei
   c) Che fare volontariato è stupido

Answers

1. B
2. C
3. A
4. A
5. B

CAPITOLO 8:
LO STRANO NATALE DI NONNA PIA

La signora Pia Mastandrea, chiamata da tutti (e non solo dai **nipoti**) Nonna Pia, ha sempre **amato** moltissimo il Natale.

Non ha mai **badato a spese** per i **regali**: ogni **componente** della sua famiglia ha sempre ricevuto **per posta** il suo regalo. I figli e le figlie, ma anche i loro **rispettivi** mariti, mogli, fidanzate o fidanzati. I nipotini e le nipotine.

I **cugini di primo**, secondo e terzo **grado**. Tutti.

Di solito Nonna Pia inizia a comprare i regali tra la fine di novembre e gli inizi di dicembre.

Ha un suo percorso **abituale** che **si snoda** per le vie del centro città e comprende, tra i vari negozi da visitare, anche il negozio di giocattoli più **fornito**, la libreria più grande, la gioielleria più **rinomata**, l'**enoteca** più buona e il negozio di prodotti gourmet più **in voga**.

Infatti Nonna Pia non compra certo regali **a caso**. Ognuno dei suoi famigliari riceve sempre un regalo pensato **appositamente** per lui o per lei.

Per esempio, l'enoteca è una **tappa** obbligata per trovare il regalo perfetto per sua figlia Amanda che lavora come **sommelier** in un famoso ristorante di Milano.

I prodotti gourmet sono una passione di suo **genero** Arnaldo.

Sua nipote Emma è un'appassionata di libri, ma solo del genere fantasy.

Insomma, niente è lasciato al caso.

In questa ricerca del regalo perfetto per ognuno dei suoi cari, Nonna Pia a volte impiega giorni o settimane per trovare tutto quello che aveva in mente.

È un lavoro **estenuante** che ogni anno le costa più fatica di quello precedente.

Qualche anno fa ha iniziato a usare un bastone per camminare, ma non **si è data per vinta**.

"Non ho fretta, farò le cose con più calma" aveva pensato.

Quest'anno, però, è tutto diverso.

Nonna Pia ha subito un piccolo **intervento** e, anche se si è del tutto rimessa, si sente un po' più **debole** dell'anno scorso.

Lei ci ha provato lo stesso: è andata in **centro**, ha iniziato a girare per i negozi, ma dopo una ventina di minuti si è pentita di essere uscita di casa. Non vedeva l'ora di tornarsene sul suo divano a riposare le gambe!

Detto fatto: Nonna Pia **ha fatto dietrofront** e si è rimessa in cammino in direzione di casa sua.

Una volta a casa, si è subita messa a riflettere sulla sua **attuale** situazione.

"Ammettilo Pia - diceva a sé stessa - ormai sei vecchia! Non è più tempo di lunghe passeggiate in centro".

Ha iniziato a pensare a delle **alternative** per risolvere il problema.

Di rinunciare a fare i regali non se ne parlava. Pia era **fermamente** convinta che avrebbe dovuto mandare un regalo a tutti come tutti gli anni, nonostante le difficoltà.

All'improvviso si è ricordata del tablet che i suoi nipoti le avevano regalato l'anno precedente.

Pia all'inizio aveva guardato al nuovo **apparecchio** con **diffidenza**, ma poi aveva scoperto che poteva usarlo per guardare la sua telenovela preferita anche in camera da letto, dove non aveva la televisione, e aveva iniziato ad **apprezzarlo**.

Le è venuta un'idea **geniale**: usare il tablet per fare acquisti su internet!

Una volta suo nipote Riccardo le aveva fatto vedere come fare. Certo, era un sistema un po' **macchinoso** e non era sicura di poterlo fare, ma valeva la pena provarci.

Ha quindi acceso il tablet, ha aperto il browser e si è messa a cercare regali.

Ma subito si è dovuta **arrendere** ad una triste realtà: Nonna Pia non riusciva a comprare un oggetto senza prima averlo toccato con mano.

Le riusciva impossibile capire se la stoffa della coperta che aveva scelto era abbastanza morbida, se un libro era troppo **pesante** o se il colore di un ombrello era proprio quello che stava cercando.

"**Mi arrendo** - ha annunciato alla fine a voce alta - fare acquisti online non fa per me".

Girovagando per internet, però, aveva fatto un'interessante scoperta: i buoni regalo!

Si trattava di speciali carte che alcuni negozi **mettevano a disposizione** dei clienti.

Nonna Pia ha subito pensato che poteva acquistarne uno per ogni famigliare, farselo spedire a casa e **inserirlo** in una busta che sarebbe poi stata **recapitata** per posta ad ogni **destinatario**.

Con non poche difficoltà, Nonna Pia alla fine della giornata è finalmente riuscita a comprare online tutti i buoni regalo per i parenti.

È molto soddisfatta di sé stessa e nei giorni seguenti aspetta **ansiosa** il postino.

I buoni regalo arrivano per posta dopo pochi giorni, e Nonna Pia, appena li riceve, si mette subito all'opera.

Si reca nel suo studio, una piccola stanza che contiene una libreria, un **divanetto** per leggere e una **scrivania**.

Si siede alla scrivania, tira fuori dal **cassetto** penne, buste colorate, carta da lettere e **francobolli**, e inizia subito a preparare i regali di Natale.

Sul retro di ogni busta scrive l'**indirizzo** del destinatario: la nipote Silvia che studia a Bologna, il nipote Francesco che lavora a Londra, i figli sparsi in giro per tutta Italia...

Poi è il momento dei biglietti. Dopo averci pensato a lungo, Nonna Pia decide di scrivere a tutti quanti la stessa frase:

"Per Natale comprati quello che vuoi! Un grande abbraccio da Nonna Pia".

Alla fine inserisce i biglietti nelle buste colorate, le **sigilla** bene, attacca un francobollo ed ecco che i regali di Natale per quest'anno sono pronti.

Nonna Pia è sempre più **soddisfatta** e si sente davvero una nonna moderna.

"Credo proprio che lo farò anche l'anno prossimo" pensa mentre indossa il cappotto e il cappello.

Esce di casa, va all'ufficio postale, spedisce tutte le buste e torna a casa contentissima

"Chissà come saranno **stupiti** i ragazzi quando capiranno che ho fatto acquisti online per loro! Non vedo l'ora di sentire le loro reazioni".

Il giorno di Natale, di solito Nonna Pia inizia a ricevere telefonate alle otto del mattino: tutti i parenti la chiamano ringraziandola tantissimo per il regalo appena **scartato**.

Però quest'anno il giorno di Natale il telefono non **squilla**. Nonna Pia all'inizio non ci **fa caso**, ma verso le dieci **si preoccupa**, controlla e ricontrolla il telefono per verificare che ci sia linea: sembra tutto a posto, ma allora cosa succede?

Alle undici, Nonna Pia decide di prendere in mano la situazione e di chiamare lei stessa uno dei suoi figli, Cesare, che vive a Roma con la moglie e le tre bambine piccole.

"Pronto?".

"Cesare, caro, sono la mamma".

"Mamma! Ehm... ciao - risponde Cesare con voce **imbarazzata** - come va? Buon Natale".

"Buon Natale figliolo. State tutti bene?".

"Ehm, sì, sì, certo, stiamo bene, le bambine stanno giocando... tu piuttosto mamma, stai bene?".

"Che domande, sto benissimo - risponde Nonna Pia **seccata**, poi decide di **andare** subito **al sodo** senza **fare tanti giri di parole** - senti un po' Cesare, si può sapere perché non mi avete chiamata? Avete ricevuto i regali per posta?".

"Già, la chiamata, ecco vedi... - Cesare è sempre più imbarazzato - ti volevo proprio parlare dei regali... mamma, dimmi la verità, nelle ultime settimane abbiamo fatto qualcosa che ti ha **offeso** o fatta arrabbiare?".

"Ma no tesoro, cosa dici? Siete la luce dei miei occhi, non potrei mai essere arrabbiata con voi, perché me lo chiedi?".

"Beh, mamma, per il regalo... e per quella frase...".

"Non vi è piaciuto il regalo? Uffa, ma insomma, mi sono impegnata tanto per acquistare quei buoni regalo!

Sono stata tutto il giorno su internet, tanto che alla sera mi facevano male gli occhi, e **speravo** tanto che vi sarebbero piaciuti quanto un regalo **tradizionale**... figliolo, cerca di capirmi, sono anziana ormai, non ho più l'età per andare in giro a fare compere tutto il giorno!".

"Buoni regalo? Quali buoni regalo?".

In quel momento cala il silenzio nella conversazione. Sia Cesare che Nonna Pia hanno un'espressione di **incredulità** dipinta sul volto.

Nessuno dei due **interlocutori** può vedere l'altro, ma certe cose si capiscono anche per telefono.

"Aspetta un attimo - dice alla fine Nonna Pia - non avete trovato i buoni regalo nelle buste?".

"No mamma, solo un biglietto che in maniera un po' **sbrigativa** ci invitava a comprarci i regali da soli".

Nonna Pia grida: "Oh, no!", poi abbandona la **cornetta** del telefono vicino all'apparecchio e corre verso il suo studio.

Entra **trafelata**, ancora con il **fiatone** per la breve corsa, e guarda subito in direzione della scrivania: i buoni regalo sono tutti lì, dove li aveva **appoggiati**. **Si era dimenticata** di inserirli nelle buste!

L'anziana signora torna verso il telefono, prende la cornetta in mano e dice:

"Cesare, figliolo, sei ancora lì?".

"Sì, mamma, ma che succede? Va tutto bene? Non farmi preoccupare. Vuoi che faccia venire da te il dottor Mauri?".

"No, no, ma quale dottore, non c'è niente di cui preoccuparsi. Ho solo dimenticato di inserire il regalo nelle buste che vi ho spedito! I buoni regalo sono rimasti qui, a casa, sulla mia scrivania!" e detto questo Nonna Pia **scoppia in una** fragorosa **risata**.

"Oh! - dice Cesare **tirando un sospiro di sollievo** - meno male. Pensavamo tutti che fossi **arrabbiata** con noi. Non sapevamo come **affrontare** l'argomento, per questo non ti avevamo ancora chiamata...".

"E io invece pensavo che voi foste arrabbiati con me e non aveste **apprezzato** il regalo. Tutto è bene quel che finisce bene. Domani vi **spedirò** i vostri regali.

Salutami tanto Katia e le bambine. Ora scusami ma ho tante telefonate da fare!"

Quest'anno il Natale è stato davvero speciale e **diverso** dal **solito**.

Nonna Pia, invece di **ricevere** tante **telefonate** di **ringraziamento**, ha dovuto fare lei stessa **altrettante** telefonate di **scuse**!

Riassunto della storia

Ogni Natale, nonna Pia gira per negozi per fare dei regali per tutti i suoi parenti. Purtroppo, dopo un intervento, non è più in grado di girare per negozi e si vede costretta a casa. Decide quindi di usare il suo tablet per ordinare online dei buoni regalo, con cui i suoi figli e nipoti avrebbero comprato ciò che volevano. Decide di metterli in una busta insieme ad un biglietto e di spedirli. Però, la mattina dopo suo figlio le dice di non aver ricevuto nessun buono, solamente il biglietto. Nonna Pia si rende conto di aver dimenticato di inserire i buoni nelle buste, ed inizia quindi a chiamare tutti i suoi parenti per fare delle doverose scuse.

Summary of the story

Every Christmas, grandma Pia goes to the shops to get gifts for her relatives. Unfortunately, after a surgery she can no longer go shopping, and so she is obliged to stay home. She decides to use her tablet to order some gift card on the internet, so her sons and grandsons can buy themselves whatever they want. She wants to put them in an envelope together with a card. The next morning her son tells her he had not received any gift card, but only the card. Grandma Pia realizes she forgot to insert the gift cards in the envelopes, so she starts calling all her relatives to apologize.

Vocabulary

Nipoti: Grandchildren
Amato: Beloved
Badare a spese: Expense spared
Regali: Gifts
Componente: Member
Per posta: By post
Cugino di primo grado: First cousin
Abituale: Usual
Snodarsi: To wind
Fornito: Stocked
Rinomato: Well-known
Enoteca: Wine shop
In voga: Popular
A caso: Rando
Appositamente: Specifically
Tappa: Step
Sommelier: Sommelier
Genero: Son-in-law
Estenuante: Exhausting
Darsi per vinto: To give up
Intervento: Surgery
Debole: Weak
Centro: City centre
Fare dietrofront: To turn around
Attuale: Current
Alternativa: Alternative

Fermamente: Firmly
Apparecchio: Device
Diffidenza: Mistrust
Apprezzare: To appreciate
Geniale: Brilliant
Macchinoso: Complicated
Arrendersi: To give up
Riuscire impossibile: No way possible
Pesante: Heavy
Girovagare: To wander
Mettere a disposizione: Make available
Inserire: To put
Recapitare: To deliver
Destinatario: Recipient
Ansioso: Anxious
Divanetto: Sofa
Scrivania: Desk
Cassetto: Drawer
Francobollo: Stamp
Indirizzo: Address
Sigillare: To seal
Soddisfatto: Satisfied
Stupito: Astonished
Scartare: To unwrap
Squillare: To ring
Far caso: To pay any attention
Preoccuparsi: To get worried

Imbarazzato: Embarrassed
Seccato: Annoyed
Andare al sodo: Cut to the chase
Fare tanti giri di parole: To beat around the bush
Offendere: To offend
Tradizionale: Traditional
Sperare: To hope
Incredulità: Disbelief
Interlocutore: Interlocutor
Sbrigativo: Abrupt
Trafelato: Out of breath
Fiatone: Wheezing
Appoggiato: Put
Dimenticarsi: To forget
Cornetta: Phone

Scoppiare in una risata: To break into laughter
Tirare un sospiro di sollievo: To breathe a sigh of relief
Arrabbiato: Angry
Affrontare: Deal with
Apprezzare: Appreciate
Spedire: Send
Diverso: Different
Solito: Usual
Ricevere: Receive
Telefonata: Phone Call
Ringraziamento: Thanksgiving
Altrettanto: Likewise
Scusa: Justification

Questions about the story

1. Come spedisce i regali nonna Pia?
   a) Per posta
   b) Li consegna personalmente
   c) Per via aerea

2. Che lavoro fa Amanda, la figlia di Nonna Pia?
   a) La segretaria
   b) La cameriera
   c) La sommelier

3. Cosa decide di fare come regalo nonna Pia?
   a) Un tablet
   b) Un mantello
   c) Un buono regalo

4. Perché nessuno chiama nonna Pia per ringraziarla?
   a) Perché non c'è linea
   b) Perché pensavano che nonna Pia fosse arrabbiata con loro
   c) Perché nonna Pia ha cambiato numero di telefono

5. Come mai Cesare non ha ricevuto il buono regalo?
   a) Perché nonna Pia si è dimenticata di metterlo nella busta
   b) Perché è andato perso nella consegna
   c) Perché per sbaglio l'ha buttato nel cestino

Answers

1. A
2. C
3. C
4. B
5. A

CAPITOLO 9:

LA PRIMA VOLTA

Antonella e Cristian erano proprio una bella **coppia**.

Si erano **conosciuti** alcuni anni prima, ad un **convegno** a Milano, perché **entrambi** lavoravano nel **settore** delle **fonti rinnovabili**. Tra i due era scoppiata subito la **scintilla**: **amore a prima vista**!

Si persero metà del convegno perché passarono il tempo a chiacchierare al bar dell'albergo dove erano **alloggiati** a spese delle rispettive aziende.

Poi decisero di continuare a **frequentarsi**, nonostante vivessero in due città diverse: Antonella abitava a Verona e Cristian a Trento.

Tra le loro case c'erano poco più di cento chilometri, ma una **relazione a distanza**, con visite durante i fine settimana e lunghe telefonate serali, presto diventò insufficiente.

Così dopo pochi mesi i due presero, **di comune accordo**, una decisione importante: Antonella sarebbe andata a vivere a Trento a casa di Cristian.

Non fu facile, ma dopo un paio di mesi Antonella (che nel frattempo aveva lasciato il lavoro) trovò un **impiego** simile a quello che aveva a Verona.

Le cose andavano bene: Antonella **si era ambientata** in fretta alla nuova vita.

Trento era più fredda di Verona e lei aveva dovuto comprarsi alcuni vestiti più pesanti, ma per il resto la città le era subito piaciuta tantissimo.

Lei e Cristian facevano spesso lunghe camminate in montagna, e in occasione delle vacanze (in estate, a Pasqua o durante qualche ponte festivo) di solito affittavano uno chalet o andavano a **sciare** con gli amici.

Proprio un'estate, mentre decidevano dove andare in vacanza, Antonella fece una **bizzarra** scoperta.

"Allora, Antonella, dove vuoi andare quest'anno in vacanza? Possiamo andare sulle Alpi, o in Svizzera, o ...".

Cristian non fece in tempo a finire la frase che Antonella lo interruppe:

"Quest'anno vorrei andare al mare!".

Cristian rimase **basito** e il sorriso che aveva fino a pochi secondi prima scomparve dal suo viso.

"Al mare ...?".

"Al mare, sì, a prendere il sole, a nuotare, a passeggiare sul lungomare... Ho proprio voglia di mare! Che c'è? Non ti va?".

"Ecco, vedi, io... non sono mai stato al mare in vita mia".

Antonella fece una risatina e **sghignazzando** disse:

"Ma a chi vuoi **darla a bere**? Non prendermi in giro. Sei proprio un **mattacchione** tu".

"Cara, parlo sul serio. Non scherzerei mai su un argomento del genere".

Effettivamente l'espressione di Cristian era serissima. Se Antonella per un attimo aveva dubitato di lui, subito dopo dovette ricredersi: non c'era alcun dubbio. Cristian, nei suoi 35 anni di vita, non era mai stato al mare.

"Oh, beh, sai... - disse lei **sdrammatizzando** - non è poi così strano... in fondo Trento è lontana dal mare e capisco che tu non abbia mai avuto l'**opportunità** di andarci. E poi ti piace così tanto la montagna che...".

"Non è per quello - la **interruppe** Cristian - il fatto è che ho paura del mare".

Antonella spalancò gli occhi **incredula**.

"Paura del mare? Ma... e perché non me ne hai mai parlato?".

"Non è una cosa della quale parlo **volentieri**. Scusami tanto, avrei dovuto dirtelo, noi ci diciamo sempre tutto... sono stato uno **stupido** a non affrontare la questione con te che sei la persona più importante che ho".

"Non fa niente, capisco che non siano cose facili di cui parlare. Posso chiederti una cosa?".

"Tutto quello che vuoi".

"Perché hai paura del mare?".

"Non lo so, non l'ho nemmeno mai visto. Mi ha sempre spaventato fin da piccolo. So che è una paura **irrazionale**, ma non posso farci niente".

"E ti andrebbe di affrontare la tua **fobia** una volta per tutte?".

"Ci ho pensato tante volte ma non sono mai riuscito a farlo".

"Con me al tuo fianco la affronteresti?".

"Amore mio, con te al mio fianco andrei anche in capo al mondo!".

"Allora fai le valigie. Domani ti porto al mare".

Proprio come aveva detto Antonella, il mare non era vicino.

Lei scelse come **meta** del loro viaggio Lignano Sabbiadoro, in Friuli.

Dato che per arrivarci ci volevano almeno tre ore di automobile decisero di prendersi l'intero fine settimana e di fare le cose con calma.

Uscirono di casa la mattina **di buon'ora** per non trovare traffico in autostrada.

Antonella si era offerta di guidare per tutto il tragitto perché, come c'era da aspettarsi, Cristian era **visibilmente nervoso**.

Approfittarono del viaggio per parlare tra di loro.

"Sei **agitato**?".

"Non proprio agitato, ma un po' emozionato sì".

"Non ti devi preoccupare. Non dovrai fare nulla che non ti va di fare. Ci proviamo. Se l'esperimento non funziona, non fa niente.

Possiamo sempre **rilassarci** in albergo per un paio di giorni. Ne ho scelto **appositamente** uno con la piscina!".

"Grazie Antonella, sei un vero tesoro. Spero di non **deluderti**".

"Tu non mi deludi mai, mi piaci così come sei e non ti cambierei per nulla al mondo".

Verso l'ora di pranzo arrivarono a Lignano Sabbiadoro.

Era una giornata di sole di inizio estate e le strade erano già piene di gente che andava in spiaggia.

Dato che non era ancora **alta stagione**, Antonella era riuscita a trovare una camera matrimoniale in un bell'albergo che **si affacciava** proprio sul mare.

Dopo aver parcheggiato l'auto fecero il check in e portarono i loro **bagagli** in camera.

La stanza si trovava al decimo piano. Era spaziosa e luminosa, e sulla parete di fondo c'era una grande porta a vetri che dava sul balcone.

Antonella notò che Cristian osservava la finestra, coperta da una tenda chiara che impediva di vedere **nitidamente** l'esterno. Così chiese al suo fidanzato:

"Lo vuoi vedere? È proprio lì, dietro quella **tenda**".

Cristian fece un lungo **sospiro** e alla fine disse:

"Sì, voglio vederlo. Sono pronto. Mi **accompagni**?".

"Ma certo" rispose Antonella, dopodiché tirò le tende ed aprì la porta a vetri.

Si **presero per mano** e fecero insieme un passo fuori sul **balcone**.

Il panorama era **mozzafiato**: il cielo quel giorno era di un blu intenso, pigre nuvole bianche passavano qua e là come grandi **cumuli** di **panna montata**, e sotto a tutto questo c'era la grande distesa azzurra del mare Adriatico che **si perdeva** verso l'orizzonte.

Dopo qualche secondo di silenzio, Cristian riuscì a **spiaccicare** mezza frase:

"Accidenti, è davvero... gigantesco, è enorme!".

"Ti spaventa?".

"Mi incute un po' di timore', ma da quassù sembra innocuo. La **prova del nove** sarà scendere laggiù" e indicò la spiaggia che iniziava proprio davanti al loro albergo, dall'altra parte della strada.

"Hai ragione. Ma non c'è **fretta**, possiamo andarci quando vuoi, anche domani".

"No - disse Cristian con **fermezza** - ora o mai più. Andiamoci adesso".

Antonella prese dalla valigia alcune cose che mise in una grande borsa da spiaggia e i due lasciarono l'albergo.

Era ormai mezzogiorno passato e faceva molto caldo. Il sole era **a picco** sopra di loro e non **dava tregua**.

Nel breve percorso dall'albergo alla riva del mare non c'era nemmeno un **filo d'ombra**.

Per fortuna però c'era una lunga **passerella** di legno che correva in mezzo alle file di ombrelloni dello **stabilimento balneare**, altrimenti camminare sulla sabbia rovente sarebbe stato un grosso problema!

Cristian e Antonella avevano dimenticato di cambiarsi e indossavano ancora i jeans con i quali erano partiti da Trento (dove la temperatura era molto più mite).

Stavano **sudando sette camicie**, soprattutto Cristian, che al caldo **torrido** doveva aggiungere una bella dose di emozione per quello che stava per affrontare: la sua prima volta al mare.

Giunti poco prima della riva, Antonella mise a terra un telo da mare ed entrambi si tolsero i pantaloni e le magliette. Sotto indossavano già i costumi da bagno, e fu un vero sollievo sentire la brezza marina che solleticava la pelle **accaldata**.

Antonella prese per mano Cristian e insieme si avvicinarono al **bagnasciuga**.

Arrivarono ad un punto in cui la sabbia era già umida ma le onde ancora non raggiungevano i loro piedi.

"Te la senti?" chiese infine Antonella.

"Sì" rispose lui fissando le piccole onde che si infrangevano e si ritiravano a pochi centimetri dai suoi alluci.

Fecero un altro passo e finalmente i loro piedi erano in acqua.

Per Antonella, dopo aver **patito** il caldo, quello era un vero refrigerio! Ma non sapeva se per il suo fidanzato era la stessa cosa, quindi gli chiese:

"Come va?".

"Abbastanza bene. È fredda. Anzi no, è fresca. Non è poi così male in fondo".

"Bene!".

Fecero qualche altro passo e l'acqua adesso arrivava ai **polpacci**.

"Vuoi che ci fermiamo?" chiese Antonella.

"Non ora, andiamo!".

Proseguirono ancora. Fecero molti metri ma l'acqua arrivava solo alla **vita**.

Antonella aveva **scelto** il mare Adriatico anche per questo **motivo**: in quel mare non c'era il **pericolo** di trovarsi all'**improvviso** nell'acqua alta.

Quando l'acqua arrivò più o meno all'altezza del **petto**, Cristian chiese:

"E adesso?".

"E adesso fai quello che faccio io: prendi aria e **tappati** il naso! Uno, due e ... tre!"

Al tre Antonella piegò le ginocchia e mise la testa sott'acqua.

Cristian, senza pensarci due volte, la seguì e fece lo stesso.

Una volta sotto il pelo dell'acqua, Cristian ebbe il coraggio di aprire gli occhi.

Guardò sopra di sé e non vide niente tranne le **bolle** che **increspavano** l'acqua nel punto in cui si era tuffato.

Per un attimo fu preso dal panico ma poi si sentì **stringere** la mano e si ricordò che Antonella era lì con lui. Si voltò e vide il volto di Antonella davanti al suo.

Era bellissima e Cristian pensò che assomigliava quasi a una sirena!

Lei si teneva ancora il naso con pollice e indice, gli sorrise, poi tornò verso la **superficie** soffiando bolle dalla bocca e portando con sé Cristian.

Fuori, Cristian buttò fuori l'aria rimasta nei **polmoni** e fece un grande **respiro**, poi **gridò**:

"È fantastico!".

"Non hai più **paura** del mare?".

Lui la abbracciò e le disse:

"Con te al mio **fianco** non ho paura di nulla".

Riassunto della storia

Antonella e Cristian sono andati da poco a vivere insieme a Trento, a casa di Cristian. Un giorno, mentre stanno decidendo dove andare in vacanza, Antonella dice di voler andare al mare. Si scopre che Cristian ha paura del mare e che quindi non ci è mai andato. I due decidono di affrontare insieme la fobia di Cristian, quindi decidono di partire per il Friuli, dove il mare non è molto alto. Grazie all'aiuto di Antonella, Cristian riesce ad entrare in acqua, a tuffarsi e a superare così la sua paura.

Summary of the story

Antonella and Cristian are living together in Cristian's house, in Trento. A day, while they are deciding where to go on holiday, Antonella suggests to go to the sea. She finds out that Cristian fears the sea, so he has never been to the beach. The couple decides to face together Cristian's phobia, so they decide to leave for Friuli, where the sea is not too deep. Thanks to Antonella's help, Cristian succeeds in overcoming his fear by getting into the water and diving.

Vocabulary

Coppia: Couple
Conosciuto: Known
Convegno: Meeting
Entrambi: Both
Settore: Field
Fonti rinnovabili: Renewable sources
Scintilla: Spark
Amore a prima vista: Love at first sight
Alloggiare: To stay
Frequentarsi: To date
Relazione a distanza: Long-distance relationship
Di comune accordo: By mutual agreement
Impiego: Job
Ambientarsi: To settle in
Sciare: To ski
Bizzarro: Weird
Basito: Stunned
Sghignazzare: To scoff
Darla a bere: To sell
Mattacchione: Practical jokester
Effettivamente: Actually
Sdrammatizzare: To defuse
Opportunità: Chance
Interrompere: To interrupt
Incredulo: Incredulous
Volentieri: Gladly
Stupido: Stupid
Irrazionale: Irrational
Fobia: Phobia
Meta: Destination
Di buon'ora: Early
Visibilmente: Visibly
Nervoso: Nervous
Approfittare: To profit
Agitato: Nervous
Rilassarsi: To relax
Appositamente: Specifically
Deludere: To disappoint
Alta stagione: High season
Affacciarsi: To look out
Bagaglio: Luggage
Nitidamente: Vividly
Tenda: Curtain
Sospiro: Deep breath
Accompagnare: To accompany
Prendere per mano: To hold the hand
Balcone: Balcony
Mozzafiato: Breathtaking
Cumulo: Cumulation
Panna montata: Whipped cream

Perdersi: To get lost
Spiaccicare: To squish
Prova del nove: Litmus test
Fretta: Hurry
Fermezza: Firmly
A picco: Over
Dare tregua: To cut somebody some slack
Filo d'ombra: Shelter
Passerella: Gangway
Stabilimento balneare: Bathhouse
Sudare sette camicie: To work very hard
Torrido: Torrid
Accaldato: Flushed
Bagnasciuga: Waterline
Patire: To suffer

Polpaccio: Calf
Vita: Waist
Scelto: Chosen
Motivo: Reason
Pericolo: Danger
Improvviso: Suddenly
Petto: Chest
Tappare: To plug
Bolla: Bubble
Increspare: To purse
Stringere: To hold
Superficie: Surface
Polmone: Lung
Respiro: Breath
Gridare: Shout
Paura: Fear
Fianco: Side

Questions about the story

1. Dove si incontrano Antonella e Cristian?

    a) In un bar
    b) A Trento
    c) Ad un convegno

2. Prima di vivere insieme, quando si vedevano?

    a) Ogni giorno
    b) Nel fine settimana
    c) Una volta al mese

3. Come si scopre che Cristian ha paura del mare?

    a) Antonella lo butta in mare per scherzo
    b) Si stava decidendo dove andare in vacanza
    c) Cristian lo dice di sua volontà

4. Come si chiama la spiaggia dove i due vanno al mare?

    a) Foce Verde
    b) Sabaudia
    c) Lignano Sabbiadoro

5. A cosa assomiglia Antonella quando torna a galla?

    a) A una sirena
    b) A un delfino
    c) A una balena

Answers

1. C
2. B
3. B
4. C
5. A

CAPITOLO 10:
LA BICICLETTA GIRAMONDO

Gli oggetti non hanno un'**anima**, né una **personalità**, e nemmeno un **carattere**. Non provano **sentimenti** perché non sono vivi.

Ma è **innegabile** che alcuni oggetti vivono vite speciali, **degne** di essere raccontate e che farebbero **invidia** a moltissime persone.

È il caso di una vecchia **bicicletta** che ha già vissuto l'equivalente di dieci vite umane.

Si tratta di una bici uscita da una **fabbrica** del nord della Spagna negli anni '60.

Oggi nessuno lo direbbe, ma per quei tempi era davvero un **portento** della tecnica.

Il **telaio** era molto più leggero di quello delle altre bici **in circolazione** e niente le avrebbe impedito di correre gare importanti. Cosa che **effettivamente** accadde.

Fu acquistata da un **famoso ciclista** di quegli anni. Lui non era il più grande **campione** presente sulla scena, ma non se la cavava affatto male.

Insieme non vinsero mai "La Vuelta" (la più grande **competizione** ciclistica spagnola) ma arrivarono primi ad alcune **tappe** di montagna.

Dopo pochi anni, il campione si ritirò e preferì vivere una vita più tranquilla insieme alla sua famiglia.

La bici rimase appesa in garage per anni, come una grande **reliquia**, ricordo di bei tempi di **gloria** ormai passati. L'ex campione di tanto in tanto la puliva, **ingrassava** la **catena** e la usava per fare un giro in paese. Diceva che era per non farle perdere le buone **abitudini**, e per non perderle nemmeno lui.

Negli anni '80 gli eredi dell'ex campione vendettero la casa ad una famiglia **tedesca** che aveva deciso di **acquistare** una proprietà vicino al mare spagnolo per passare lì tutte le vacanze estive.

Per loro fu una grande gioia scoprire che nel garage c'erano ancora alcune biciclette **utilizzabili**, tra cui la vecchia bici da corsa appesa al muro, che iniziò a passare moltissimo tempo in spiaggia con la famiglia tedesca.

Da un lato alla bici piacevano molto queste **gite**: le piaceva prendere finalmente un po' di sole e un po' di aria fresca, dopo tanti anni in quel garage **ammuffito**.

Dall'altro lato, però, c'erano due **inconvenienti**. Il primo è che la fine **sabbia** della spiaggia si infilava in tutti i suoi **ingranaggi**.

E l'altro era che, da settembre a maggio, la bici restava di nuovo in garage senza nessuno che la portasse a fare un giro.

Negli anni '90, **finalmente**, ci fu la svolta.

Uno dei figli della famiglia tedesca disse che aveva bisogno di una bicicletta per andare all'università, e che gli sarebbe piaciuto molto usare la vecchia bici spagnola che si trovava nella casa al mare.

"È vecchia e un po' **arrugginita**, sicuramente nessuno me la ruberà se la userò per andare a lezione".

Era un'ottima **strategia** e la famiglia accettò di caricare la bici sul **portapacchi** dell'auto per portarla in Germania a settembre.

Qui, la bici si ritrovò in un mondo **incredibile**. Il muro era caduto da poco più di un anno, la città era **in fermento** e si sentiva nell'aria un'energia che era quasi **palpabile**.

Il ragazzo tedesco la usava per andare **ovunque**: non solo a scuola ma anche a lezione di pianoforte, al bar con gli amici, ai **centri sociali** del centro città, a Berlino Est (così diversa dal quartiere dove vivevano lui e la sua famiglia), ai **concerti**, ai musei e ai mercatini dell'usato a cercare vecchi **dischi in vinile**.

Il ragazzo non **si prendeva** molto **cura** della sua bici. Spesso di notte la lasciava fuori: lei prendeva molta **umidità**, a volte anche la pioggia o addirittura la neve, e aveva molta paura di venire rubata. Si stava arrugginendo e stava **invecchiando**.

Quando il ragazzo finì l'università andò a vivere in un'altra città e la bici rimase a Berlino, ma dopo qualche settimana la famiglia la vendette a un mercatino dell'usato.

Qui la bici rimase molte settimane perché, **malandata** com'era, nessuno voleva comprarla.

Restava lì, in mezzo a tutti quegli oggetti che nessuno voleva più, a **prendere polvere**.

Un giorno passò di lì una ragazza, la vide e chiese al commesso:

"Non si potrebbe avere uno sconto sul prezzo? La bici è **malridotta**, dovrò spenderci molti soldi per rimetterla in sesto".

Il commesso non se lo fece ripetere due volte: non vedeva l'ora di liberarsi di quel **ferrovecchio** che occupava un mucchio di spazio in negozio.

Così la ragazza poté comprare la vecchia bici e portarla a casa sua, dove aveva **allestito**, in garage, uno spazio per il fai-da-te.

La bicicletta era molto **stupita**: il garage era pieno di vecchi oggetti rimessi a nuovo, **scintillanti** e ancora **funzionanti**. Si vedeva che la ragazza ci sapeva proprio fare!

Scoprì poi che studiava **conservazione dei beni culturali e restauro**, e usava le **cianfrusaglie** del mercatino per fare pratica.

La bici le serviva proprio per imparare a trattare i **metalli** e le parti meccaniche.

Pur sapendo di essere una specie di **cavia**, la bici si sentiva bene sotto le mani della ragazza: aveva un **tocco** delicato e in ogni gesto metteva **passione** e **impegno**.

La ragazza cominciò ripulendo bene il telaio: uscirono fuori il colore originale della vecchia bici, il **numero di serie** e addirittura l'**adesivo** originale dell'azienda produttrice.

Era un **pezzo d'epoca**, anche se il valore di mercato non era **esorbitante**. Non valeva certo la pena rivenderla ad un **antiquario**, ma era ancora un bell'oggetto da usare.

Dopo aver tolto la polvere e la ruggine, la bici dimostrava qualche decennio in meno.

Ma c'era ancora da sistemare tutta la parte meccanica, e per farlo la ragazza si affidò ad un amico meccanico di biciclette.

Lui se ne prese cura, le cambiò gli **pneumatici** ormai quasi lisci, riequilibrò le ruote e rinnovò il **sistema frenante**.

Alla fine del **trattamento**, la vecchia bici era ancora **perfettamente** funzionante.

Però a nessuno dei due serviva, così la donarono a "Più bici per tutti", un'**associazione di volontariato** che si occupava di regalare biciclette a chi non poteva permettersene una.

La bici venne data a Samir, un giovane **immigrato** dall'Algeria che la usava per cercare un lavoro.

Lo trovò presto, ma al porto di Amburgo. Samir caricò la bicicletta sul treno e lasciò Berlino per traslocare ad Amburgo, dove continuò ad usare la bici per **recarsi** al porto tutte le sere.

Dopo qualche mese, Samir conobbe Frank O'Sullivan, un irlandese che lavorava su una nave di container e che faceva la **spola** tra Amburgo e tanti altri porti europei.

Frank propose a Samir di vendergli la bicicletta, e Samir accettò di buon grado, visto che ormai viveva abbastanza vicino al porto da poter andarci anche a piedi.

Frank trovò un **posticino** tra i container per la bici appena acquistata, e dopo qualche settimana di viaggio tornò in Irlanda dove la regalò alla nipote Amy, grande appassionata di biciclette e che quella settimana avrebbe compiuto 18 anni.

Amy fu felicissima del regalo, ma era anche una ragazza molto **distratta**, e dopo un paio di anni dimenticò la bici su un treno diretto a Londra.

Qui venne trovata da un **addetto alle pulizie**, che la consegnò all'ufficio **oggetti smarriti**.

Ovviamente Amy non andò mai fino a Londra per reclamare quella vecchia bici, la quale rimase in un vecchio magazzino per tantissimo tempo con addosso un'etichetta, come migliaia di altri cappelli, giacche, valigie e ombrelli che erano stati **vittime** della **sbadataggine** di qualche **pendolare** sovrappensiero.

Dopo alcuni anni in deposito, la bicicletta finì nell'elenco degli oggetti vendibili all'asta.

Un ragazzo italiano la comprò per poche sterline, insieme a un pratico zaino da viaggio e ad un **impermeabile** di ottima qualità.

Aveva lavorato a Londra per alcuni mesi per mettere da parte un po' di soldi e coronare il suo sogno: girare l'Europa in bicicletta.

Montò sulla bici dei portapacchi capienti e sostituì le ruote con altre più adatte alle lunghe distanze e ai terreni accidentati.

Comprò anche una luce da montare sul **manubrio** e la più leggera tenda da campeggio che trovò in negozio.

Nello zaino mise pochissime altre cose, tra cui una mappa stradale dell'Europa e un ebook per poter leggere tutti i suoi libri preferiti senza **appesantire** il bagaglio.

Fu così che la vecchia bicicletta ritornò indietro: passò il **canale della Manica** in nave, rivide la sua terra natale (la Spagna), ripassò per la Francia che aveva visto solo dall'alto del portapacchi quando la famiglia tedesca l'aveva ufficialmente adottata, si innamorò dell'Olanda e delle sue piste ciclabili, viaggiò lungo il Danubio, girò per Vienna, per Budapest, e andò ancora oltre, verso est, a Riga, a Tallinn...

I due viaggiavano quando volevano e dove volevano: per la prima volta nella sua lunga vita, la vecchia bicicletta sentì qualcosa di simile a quello che gli umani chiamano "**senso di libertà**".

Viaggiare per l'Europa le piaceva tantissimo e **non vedeva l'ora** di scoprire nuovi paesi e nuove culture.

Ma dopo alcuni mesi il ragazzo italiano si ruppe un braccio e fu costretto a interrompere il viaggio.

Lui prese un aereo per tornare a casa in Italia, e la bici fu impacchettata da un'agenzia di spedizioni e spedita per posta.

Qualcosa, però, **andò storto**: l'indirizzo del destinatario era stato scritto male, il pacco si perse per strada, il ragazzo fu **rimborsato** dall'assicurazione e la bici rimase dimenticata per qualche mese alla frontiera tra l'Italia e la Slovenia.

Alla fine venne **etichettata** come "merce non reclamata" e uno dei ragazzi che lavorava alla filiale dell'agenzia di spedizioni decise di prenderla con sé e di portarla a casa.

Qui la ripulì e la sistemò (ci voleva, dopo tanti mesi di spostamenti continui) e il destino volle che anche lui, come il precedente **proprietario**, decise di usarla per fare un lungo viaggio: in bici lungo tutta l'Italia da Trieste alla Sicilia.

La vecchia bici non poteva essere più felice di così. Una grande avventura l'aspettava: scoprire l'Italia!

Riassunto della storia

Questa è la storia di una bici. Negli anni '60 viene fabbricata in Spagna e viene comprata da un ex ciclista. Poi passa ad una famiglia tedesca e così via, fa un vero e proprio giro del mondo, di proprietario in proprietario: Berlino, Amburgo, Vienna, Budapest e Trieste sono solo alcuni dei posti visitati da questa bicicletta. Adesso come ultima avventura le è rimasta di girare tutta l'Italia, e la ruggine non la spaventa di certo!

Summary of the story

This is the story of a bicycle. It was produced in the 60s in Spain, and a former bicyclist buys it. Then, a German family obtains this bicycle and so on, it goes around the world, from owner to owner: Berlin, Hamburg, Vienna, Budapest and Trieste are only some of the many places this bicycle has visited. Its last challenge is to visit all of Italy, and rust is not a problem for sure!

Vocabulary

Anima: Soul
Personalità: Personality
Carattere: Character
Sentimenti: Feelings
Innegabile: Undeniable
Degno: Deserving
Invidia: Envy
Bicicletta: Bicycle
Fabbrica: Factory
Portento: Miracle
Telaio: Chassis
In circolazione: On the market
Effettivamente: Indeed
Famoso: Famous
Ciclista: Bicyclist
Campione: Champion
Competizione: Competition
Tappa: Stop
Reliquia: Relic
Gloria: Glory
Ingrassare: To grease
Catena: Chain
Abitudine: Habit
Tedesco: German
Acquistare: To buy
Utilizzabile: Usable
Gita: Trip
Ammuffito: Mouldy
Inconveniente: Inconvenience

Sabbia: Sand
Ingranaggio: Gear
Finalmente: Finally
Arrugginito: Rusted
Strategia: Strategy
Portapacchi: Baggage holder
Incredibile: Incredible
In fermento: In turmoil
Palpabile: Touchable
Ovunque: Everywhere
Centro sociale: Community centre
Concerto: Concert
Disco in vinile: Vinyl record
Prendersi cura: To take care
Umidità: Moisture
Invecchiare: To get old
Malandato: In bad condition
Prendere polvere: To gather dust
Malridotto: Run-down
Ferrovecchio: Piece of junk
Allestire: To set up
Stupito: Astonished
Scintillante: Shining
Funzionante: Functioning
Conservazione dei beni culturali e restauro:
Cianfrusaglia: Knick knack

Metallo: Metal
Cavia: Guinea pig
Tocco: Touch
Passione: Passion
Impegno: Diligence
Numero di serie: Serial number
Adesivo: Antique
Pezzo d'epoca: Antique
Esorbitante: Exorbitant
Antiquario: Antique store
Pneumatico: Tyre
Sistema frenante: Braking system
Trattamento: Treatmente
Perfettamente: Perfectly
Associazione di volontariato:
Immigrato: Immigrate
Recarsi: To go
Spola: Shuttle

Posticino: Spot
Distratto: Distracted
Addetto alle pulizie: Janitor
Oggetto smarrito: Lost property
Vittima: Victim
Sbadataggine: Carelessness
Pendolare: Commuter
Impermeabile: Raincoat
Manubrio: Handlebar
Appesantire: To burden
Canale della Manica:
Senso di libertà: Sense of liberty
Non vedere l'ora: To be very excited
Andare storto: To go wrong
Rimborsare: To refund
Etichettare: To label
Proprietario: Owner

Questions about the story

1. Dove viene fabbricata la bicicletta?

    a) In Germania

    b) In Spagna

    c) In Italia

2. Dove viveva il ragazzo tedesco che usava la bici per andare a lezione?

    a) A Berlino Est

    b) A Berlino Ovest

    c) Ad Amburgo

3. Come si chiama l'immigrato algerino che ottiene la bici?

    a) Mohamed

    b) Selim

    c) Samir

4. Come ottiene la bici il ragazzo italiano?

    a) La ruba

    b) Gliela regalano

    c) La vince all'asta

5. Qual è l'ultima avventura della bici?

    a) Girare l'Italia

    b) Girare l'Europa

    c) Girare il mondo

Answers

1. B
2. A
3. C
4. C
5. A

CONCLUSION

Hello again, reader!

We hope you've enjoyed our stories and the way we've presented them. Each chapter, as you will have noticed, was a way to practice vocabulary that you will regularly use when speaking Italian. Whether it's verbs, pronouns or simple conversations.

Never forget: learning a language doesn't *have* to be a boring activity if you find the proper way to do it. Hopefully we've provided you with a hands-on fun way to expand your knowledge in Italian and you can apply your lessons to future ventures.

Feel free to use this book in the future when you need to go back and review vocabulary and expressions— in fact, we encourage it.

If you have enjoyed this book and learned from it, please take a moment to leave a little review on the book, it's highly appreciated!

Believe in yourself and never be ashamed to make mistakes. Even the best can fall; it's those who get up that can achieve greatness! Take care!

MORE FROM LINGO MASTERY

Do you know what the hardest thing for an Italian learner is?

Finding PROPER reading material that they can handle...which is precisely the reason we've written this book!

Teachers love giving out tough, expert-level literature to their students, books that present many new problems to the reader and force them to search for words in a dictionary every five minutes — it's not entertaining, useful or motivating for the student at all, and many soon give up on learning at all!

In this book we have compiled 20 easy-to-read, compelling and fun stories that will allow you to expand your vocabulary and give you the tools to improve your grasp of the wonderful Italian tongue.

How Italian Short Stories for Beginners works:

- Each story will involve an important lesson of the tools in the Italian language (Verbs, Adjectives, Past Tense, Giving Directions, and more), involving an interesting and

entertaining story with realistic dialogues and day-to-day situations.
- The summaries follow a synopsis in Italian and in English of what you just read, both to review the lesson and for you to see if you understood what the tale was about.
- At the end of those summaries, you'll be provided with a list of the most relevant vocabulary involved in the lesson, as well as slang and sayings that you may not have understood at first glance!
- Finally, you'll be provided with a set of tricky questions in Italian, providing you with the chance to prove that you learned something in the story. Don't worry if you don't know the answer to any — we will provide them immediately after, but no cheating!

So look no further! Pick up your copy of **Italian Short Stories for Beginners** and start learning Italian right now!

Have you been trying to learn Italian, but feel that you're a long way off from talking like a native?

Do you want to have an efficient resource to teach you words and phrases very commonly used in endless scenarios?

Are you looking to learn Italian vocabulary quickly and effectively without being swarmed with complicated rules?

If you answered *"Yes!"* to at least one of the previous questions, then this book is definitely for you! We've created **Italian Vocabulary Builder - 2222 Italian Phrases To Learn Italian And Grow Your Vocabulary** – a powerful list of common Italian terms used in context that will vastly expand your vocabulary and boost your fluency in the "language of music", as it is romantically called.

In this book you will find:

- A detailed introduction with a brief, descriptive guide on how to improve your learning
- A list of **2222** keywords in common phrases in Italian and their translations.
- Finally, a conclusion to close the lesson and ensure you've made good use of the material

But we haven't even told you what we've got in store for you, have we? In this book, you will find phrases relevant to the most common and essential subjects, such as: Adjectives, Animals, Entertainment, Family and Friendship, Grammar, Health, Jobs Time, Synonyms and dozens of other must-know topics.

So what are you waiting for? Open the pages of **Italian Vocabulary Builder - 2222 Italian Phrases To Learn Italian And Grow Your Vocabulary** and start boosting your language skills today!

Have you been trying to learn Italian and simply can't find the way to expand your vocabulary?

Do your teachers recommend you boring textbooks and complicated stories that you don't really understand?

Are you looking for a way to learn the language quicker without taking shortcuts?

If you answered "Yes!" to at least one of those previous questions, then this book is for you! We've compiled the **2000 Most Common Words in Italian**, a list of terms that will expand your vocabulary to levels previously unseen.

Did you know that — according to an important study — learning the top two thousand (2000) most frequently used words will enable you to understand up to **84%** of all non-fiction and **86.1%** of fiction literature and **92.7%** of oral speech? Those are amazing stats, and this book will take you even further than those numbers!

In this book:

- A detailed introduction with tips and tricks on how to improve your learning

- A list of 2000 of the most common words in Italian and their translations
- An example sentence for each word – in both Italian and English
- Finally, a conclusion to make sure you've learned and supply you with a final list of tips

Don't look any further, we've got what you need right here!

In fact, we're ready to turn you into a Italian speaker... are you ready to get involved in becoming one?

Is conversational Italian learning a little too tricky for you? Do you have no idea how to order a meal or book a room at a hotel?

If your answer to any of the previous questions was 'Yes', then this book is for you!

If there's ever been something tougher than learning the grammar rules of a new language, it's finding the way to speak with other people in that tongue. Any student knows this – we can try our best at practicing, but you always want to avoid making embarrassing mistakes or not getting your message through correctly.

"How do I get out of this situation?" many students ask themselves, to no avail, but no answer is forthcoming.

Until now.

We have compiled **MORE THAN ONE HUNDRED** conversational Italian dialogues for beginners along with their translations, allowing new Italian speakers to have the necessary tools to begin studying how to set a meeting, rent a car or tell a doctor that they don't feel well. We're not wasting time here with conversations that don't go anywhere: if you want to know how to solve problems (while learning a ton of Italian along the way, obviously), this book is for you!

How Conversational Italian Dialogues works:

- Each new chapter will have a fresh, new story between two people who wish to solve a common, day-to-day issue that you will surely encounter in real life.
- An Italian version of the conversation will take place first, followed by an English translation. This ensures that you fully understood just what it was that they were saying.
- Before and after the main section of the book, we shall provide you with an introduction and conclusion that will offer you important strategies, tips and tricks to allow you to get the absolute most out of this learning material.
- That's about it! Simple, useful and incredibly helpful; you will NOT need another conversational Italian book once you have begun reading and studying this one!

We want you to feel comfortable while learning the tongue; after all, no language should be a barrier for you to travel around the world and expand your social circles!

So look no further! Pick up your copy of Conversational Italian Dialogues and start learning Italian right now!